O erst *dann*, wenn der Flug
nicht mehr um seinetwillen
wird in die Himmelstillen
steigen, sich selber genug, […]
wird, überstürzt von Gewinn,
jener den Fernen Genahte
sein, was er einsam erfliegt.

Rainer Maria Rilke
Sonette an Orpheus I/23, 1922.

Bibliografische Information der Deutschen Nationalbibliothek:
Die Deutsche Nationalbibliothek verzeichnet diese Publikation in der
Deutschen Nationalbibliografie; detaillierte bibliografische Daten sind
im Internet über www.dnb.de abrufbar.

Gestaltung und Copyright © 2024 Nora Thielen
Umschlagbild: Dädalus und Ikarus, Fresko in Pompeji.
Herstellung und Verlag: BoD - Books on Demand, Norderstedt

ISBN: 9783759737212

Heimweh nach dem Fliegen

Das kleine Buch
von der Sehnsucht abzuheben

*Herausgegeben und kommentiert
von Nora Thielen*

INHALT

Zur Einführung

Der Traum vom Fliegen ist uralt. Jahrtausendealte Mythen und Riten zeigen, dass die Flugvorstellung auf der ganzen Welt in sehr unterschiedlichen Kulturen verbreitet ist, als sei der menschlichen Psyche die Sehnsucht nach dem Fliegen in die Wiege gelegt. Die frühesten Flugdarstellungen sind im schamanistischen Umfeld angesiedelt, wenn der Mittler zwischen Diesseits und Jenseits in die Welt der Ahnen reist, um Kraft und Hilfe für sein Volk zu finden. Das Aussteigen aus der scheinbar festen Ordnung von Raum, Zeit und Kausalität ist in vielen Kulturen fester Bestandteil des Weltbildes. Im alten Ägypten sind Flugvorstellungen hauptsächlich als Bilder von Seelenreisen bekannt; der Flug ist Sinnbild des Todes und der Reise in die außerweltlichen Bereiche. »Wer fliegt, der fliegt!«, heißt es in den Pyramidentexten. »Er fliegt fort von euch, ihr Menschen. Er ist nicht mehr auf Erden, er ist am Himmel.«[1]

Ob in archaischen Gesellschaften oder Hochkulturen, stets ist die Vision des Fliegens mit dem Sakralen verknüpft, dem heiligen Wunsch, mit den Göttern in Kontakt zu treten oder in den Himmel zu gelangen. Nach der kosmogonischen Trennung von Erde und Himmel war das Zwischenreich die Sphäre der Vögel sowie der geflügelten Geistwesen. Bis weit in die Neuzeit blieb die Vorstellung von Feen erhalten, die nicht nur die Wolken bewegten, sondern auch Menschen durch die Lüfte davontragen konnten. Dem Flug zum Himmel entspricht als Gegenpol die Reise in die Unterwelt. Zahlreiche Mythen haben die Wiederherstellung der Verbindung von Unten und Oben zum Gegenstand. Die Macht des mexikanischen Schöpfergottes Quetzalcoatl, eine Schlange mit Vogelzügen, reichte vom Himmel bis in die tiefsten Tiefen der Erde. Im griechischen Altertum ist der mit Flügelschuhen oder Flügelkappe ausgestattete Götterbote Hermes zum Flieger zwischen den Welten prädestiniert. Oft sind es Weltenberge oder Weltenbäume in der Mitte der Welt, wo sich Flugmotive angesammelt haben.[2] In Indien galt das Himalaya-Massiv als Sitz der Götter und des Sonnenvogels Garuda, der die Menschen in den Himmel tragen kann. In Mesopotamien beherbergt die Krone des Weltenbaumes die auf einem Relief als geflügelt dargestellte Sonnenscheibe, Sinnbild des geflügelten Sonnengottes Ningirsu. Von hier verästeln sich zahlreiche Verbindungslinien, etwa nach Afrika oder nach Indien, wo sich das gleiche Motiv wiederfindet. Noch heute kennt man in Teilen Mexikos und Guatemalas den rituellen *Tanz der fliegenden Männer*, bei dem fünf Männer um einen 30 Meter hohen Pfahl tanzen, ihn dann besteigen und vier ihre Füße an einem drehbaren Gestell an der Spitze des Pfahls festbinden. Von dort werfen sie sich mit ausgebreiteten Armen in die Tiefe, wobei die sich abwickelnden Seile ein langsames Absinken der »voladores« bewirken. Das symbolische Herabsinken der Sonnenvögel auf die Erde gilt der Aufmerksamkeit des Fruchtbarkeitsgottes Xipe Totec.[3]

In der Traumdeutung der alten Hochkulturen hat das Fliegen einen hohen Stellenwert. In Babylon betrachtete man das Entschweben oder Wegfliegen von Personen als Vorzeichen, das für den Kranken Genesung, für den Gefangenen Entkommen und allgemein Glück bedeutete. Ähnliches galt im alten China. Flugträume gehören zu den verbreitetsten Träumen. Allgemein galten sie als gottgesandte Zeichen mit fast durchweg positiver Deutung. Besonders günstig ist es, wenn der Träumende seinen Flug willentlich lenken kann, ein Jammer dagegen, fliegen zu wollen und nicht zu können.

Wegen der Nähe zum Himmel bekam der Vogelflug nicht nur in der Weissagekunst eine wichtige Bedeutung, sondern wurde schon früh unter technischen Gesichtspunkten intensiv beobachtet. In unserem Kulturkreis seit der Antike. Die Beobachtungen münden um 1500 in die ausgedehnten Vogel- und Flügelstudien Leonardo da Vincis. In seinen Aufzeichnungen berichtet das Erfindergenie von einem wegweisenden Traum: *»Ich entsinne mich, dass ich in frühester Kindheit träumte, ein Geier komme auf mich zugeflogen, öffne mir den Mund und streiche mehrmals mit den Federn darüber hin. Ich nahm dies als Zeichen, dass ich mein Leben lang über Flügel sprechen werde.«*[4]

Die Zeit bis 1800 sollte entscheidend werden für die Geschichte des Fliegens. Während traditionelle Sichtweisen über heilige Himmelfahrten und magische Flüge fortbestanden, wandte sich der Erfindergeist den mechanischen Möglichkeiten des Fliegens zu. Da Vinci systematisierte die Beobachtungen zum Vogelflug und breitete eine ganze Palette von theoretischen Flugmöglichkeiten aus, die vom Gleitflug über die Hubschraube bis zum Fallschirm reichten. Flugvorstellungen eroberten das Denken der Gebildeten zu einer Zeit, als sich der Horizont Europas gewaltig weitete. Mit den Entdeckungsreisen seit der Renaissance erfolgte der steile Aufstieg der Kartografie. Land- und Seekarten, Stadtpläne und Weltkugeln hatten eines gemeinsam: die Vogelperspektive. Die Lust, die Welt von oben zu betrachten, und seit die kopernikanische Erde nicht mehr Mittelpunkt war, gerne einmal den Blick ins Weltall zu richten, zeigte sich auch in der Malerei und der Literatur. Neben dem Mond wurden andere bewohnbare Sterne denkbar und damit die visionäre Möglichkeit des Raumflugs, der sich in den Utopien seit Johannes Keplers *Somnium*, dem ersten 1609 in Latein verfassten Science-Fiction, immer mehr verbreitete.

Die Geschichte weiß von zahllosen Versuchen, die Schwerkraft überwinden zu wollen. Immer wieder sprangen Wagemutige von Türmen oder hohen Gebäuden, ausgerüstet mit Federkleidern, oder selbstgebauten Flügeln, mit denen sie durch die Luft fliegen, gleiten oder schwimmen wollten. Doch erst Ende des 18. Jahrhunderts beginnt die Menschheit ihre Grenzen zu überwinden. Die Geburt des Ballons ist auf 1783 datiert, als in Frankreich die ersten Menschen mit dem Heißluftballon der Gebrüder Montgolfier und dem Wasserstoffballon des Professors Charles aufstiegen. An der Wende zum 20. Jahrhundert endlich vollzieht sich der Übergang vom Schweben zum Fliegen. Die Geburt des Flugzeugs wird mit zwei herausragenden Ereignissen in Verbindung gebracht: den erfolgreichen Gleitflügen des Deutschen Otto Lilienthal von 1891 bis 1896 und den ersten motorisierten Flügen der US-amerikanischen Gebrüder Wright im Jahre 1903.

Zahllose Wettbewerbe wurden seitdem ausgeschrieben und ebenso viele Rekorde aufgestellt, doch mehr als Ruhm und Reichtum, Ehrgeiz und Abenteuerlust, das was die Pioniere der Luftfahrt zu den riskanten Flügen über Ozeane, Urwälder und Wüsten hinweg antrieb, war der Reiz der Freiheit, der Schönheit, des Fliegens an sich. Elly Beinhorn, die 1931/32 mit nur 25 Jahren in einer offenen Kiste aus Sperrholz und Leinwand im Alleinflug die Welt umrundete, schwärmte einmal: *»Ich habe doch diese herrlichen, unabhängigen Zeiten erlebt, als man am Himmel ganz für sich alleine war!«*[5] *»Da oben, über den leichten weißen Wolken, war ich so fern von jedem Zeitbegriff.«*[6]

Auch wenn mit dem Reisen im Jet die große Flugeuphorie entschwunden ist, die alte Sehnsucht der Seele ist noch da. Alle Vorstellungen und Bilder über das Fliegen beinhalten als zentrales Thema den Wunsch der Befreiung von unseren menschlichen Abhängigkeiten und Begrenzungen, sich über die Erdenschwere, die belastenden Dinge des Alltags zu erheben. Viele Menschen haben das Weitwerden, die Leichtigkeit und Helligkeit erlebt.

Ob Astralreise, Seelenflug oder Jenseitsreise, alle Begriffe beschreiben einen Zustand, bei dem sich der Betroffene als außerhalb des physischen Körpers wahrnimmt. Vor allem in Zeiten der Ruhe und Entspannung, aber auch in Grenzsituationen und Nahtoderlebnissen wird über solche Zustände berichtet. Indische Yogis und tibetische Lamas wissen bis heute durch besondere Atem- und Leibesübungen, die Schwere aufzuheben. Im Gegensatz dazu gab es in den Klöstern Europas nie spirituelle Flugstunden, Nonnen und Mönche stiegen in die Luft, nachdem sie einen Zustand der letzten religiösen Ekstase erreicht hatten. Philosophen, Dichter und Künstler tun sich Genüge mit der Levitation des Geistes, dem Flug der Gedanken, die wohl schnellste Form sich fortzubewegen. Im Fluge wachsen der Kunst die Schwingen. Marc Chagall, der wie kein anderer das archaische Heimweh seiner Artgenossen kennt, seufzte stellvertretend für die ganze Zunft: *»Oh, könnte ich doch, rittlings auf der steinernen Chimäre von Notre-Dame, mit Armen und Beinen einen Weg in den Himmel bahnen!«*[7]

Dädalus und Ikarus
Die zeitlose Mahnung

Die Erzählung von Dädalus und Ikarus gehört zu den bekann-testen Mythen der Antike. Dädalus ist zum Ahnherrn aller Techniker geworden. Ikarus aber wurde zur Symbolfigur sowohl für die Risiken der Technik und der Selbstüberschätzung als auch für die Sehnsucht, die Grenzen des Möglichen immer wieder zu sprengen. Der erste literarische Hinweis auf Dädalus findet sich bereits in 18. Buch von Homers Ilias, der griechi-sche Gelehrte Apollodor berichtet von Dädalus im 3. Buch seiner großen Mythensammlung und der römische Dichter Ovid erzählt die Geschichte von dem geschickten Erfinder und seinem über-mütigen Sohn ausführlich im 8. Buch seiner Metamorphosen. Die folgende Geschichte hält sich an den berühmten Nach-erzähler klassischer Sagen Gustav Schwab[8].

Dädalus war der fähigste Künstler seiner Zeit, Baumeister, Bild-hauer und Arbeiter in Stein. In den verschiedensten Gegenden der Welt wurden Werke seiner Kunst bewundert und von seinen Bildsäulen sagte man, sie leben, gehen und sehen, und seien für kein Bild, sondern für ein beseeltes Geschöpf zu halten. Denn während an den Bildsäulen der früheren Meister die Augen ge-schlossen waren, und die Hände, von den Seiten des Körpers nicht getrennt, schlaff herunter hingen, war er der Erste, der seinen Bildern offene Augen gab, sie die Hände ausstrecken und auf schreitenden Füßen stehen ließ. Aber so kunstreich Dädalus war, so eitel und eifersüchtig war er auch auf seine Kunst, und diese Untugend verführte ihn zum Verbrechen und trieb ihn ins Elend. Er hatte einen Lehrling Talos, der noch herrlichere

Anlagen zeigte als sein Meister. Dädalus fing an zu befürchten, der Name des Schülers möchte größer werden, als sein eigener, der Neid übermannte ihn und er stürzte Talos vom Dach.

Bevor Dädalus von dem uralten Gericht der Athener, dem Areopag verurteilt werden konnte, floh er nach Kreta. Hier fand er bei dem Könige Minos eine Freistätte, ward dessen Freund und als berühmter Künstler hoch angesehen. Für den kretischen König baute er ein Labyrinth, aus dessen verwinkelten Gängen niemand den Ausgang fand. Als der Bau vollendet war und Dädalus ihn durchmusterte, fand sich der Erfinder selbst mit Mühe zur Schwelle zurück, ein so trügerisches Irrsal hatte er gegründet.

Indessen wurde dem Dädalus die lange Verbannung aus der geliebten Heimat doch allmählich zur Last und es quälte ihn, bei einem tyrannischen König sein ganzes Leben auf einem vom Meere rings umschlossenen Eilande zubringen zu sollen. Sein erfindender Geist sann auf Rettung. Nachdem er lange gebrütet, rief er endlich ganz freudig aus: »Die Rettung ist gefunden; mag mich Minos immerhin von Land und Wasser aussperren, die Luft bleibt mir doch offen; so viel Minos besitzt, über sie hat er keine Herrschergewalt. Durch die Luft will ich davon gehen!«

Gesagt, getan. Dädalus überwältigte mit seinem Erfindungsgeiste die Natur. Er fing an Vogelfedern von verschiedener Größe so in Ordnung zu legen, dass er mit der kleinsten begann, und zu der kürzeren Feder stets eine längere fügte, so dass man glauben konnte, sie seien von selbst ansteigend gewachsen. Diese Federn verknüpfte er in der Mitte mit Leinfäden, unten mit Wachs. Die so vereinigten beugte er mit kaum merklicher Krümmung, so dass sie ganz das Ansehen von Flügeln bekamen.

Dädalus hatte einen Knaben namens Ikarus. Dieser stand neben ihm, und mischte seine kindischen Hände neugierig unter die künstlerische Arbeit des Vaters: bald griff er nach dem Gefieder, dessen Flaum von dem Luftzuge bewegt wurde, bald knetete er das gelbe Wachs, dessen der Künstler sich bediente, mit Daumen und Zeigefinger. Der Vater ließ es sorglos geschehen, und lächelte zu den unbeholfenen Bemühungen seines Kindes.

Nachdem er die letzte Hand an seine Arbeit gelegt hatte, passte sich Dädalus selbst die Flügel an den Leib, setzte sich mit ihnen ins Gleichgewicht und schwebte leicht wie ein Vogel empor in die Lüfte. Dann, nachdem er sich wieder zu Boden gesenkt, belehrte er auch seinen jungen Sohn Ikarus, für den ein kleineres Flügelpaar gefertigt und bereit lag.

»Flieg immer, lieber Sohn«, sprach er, »auf der Mittelstraße; damit nicht, wenn du den Flug zu sehr nach unten senkst, die Fittiche ans Meerwasser streifen und von Feuchtigkeit beschwert dich die Wogen in die Tiefe hinabziehen, oder, wenn du dich zu hoch in die Luftregion versteigst, dein Gefieder den Sonnenstrahlen zu nahe kommt und plötzlich Feuer fängt. Zwischen Wasser und Sonne fliege dahin, immer nur meinem Pfade durch die Luft folgend.«

Unter solchen Ermahnungen knüpfte Dädalus auch dem Sohne das Flügelpaar an die Schultern, doch zitterte die Hand des Greisen, während er es tat, und eine bange Träne tropfte ihm auf die Hand. Dann umarmte er den Knaben und gab ihm einen Kuss, der auch sein letzter sein sollte.

Jetzt erhoben sich beide mit ihren Flügeln. Der Vater flog voraus, sorgenvoll wie ein Vogel, der seine zarte Brut zum ersten Mal aus dem Neste in die Luft führt. Doch schwang er besonnen und kunstvoll das Gefieder, damit der Sohn es ihm nachtun lernte, und blickte von Zeit zu Zeit rückwärts, um zu sehen, wie es diesem gelänge. Anfangs ging es ganz gut. Bald war ihnen die Insel Samos zur linken, bald Delos und Paros, die Eilande, vorübergeflogen. Noch mehrere Küsten sahen sie schwinden, als der Knabe Ikarus, durch den glücklichen Flug zuversichtlich gemacht, seinen väterlichen Führer verließ, und in verwegenem Übermut mit seinem Flügelpaar einer höheren Zone zusteuerte. Aber die gedrohte Strafe blieb nicht aus. Die Nachbarschaft der Sonne erweichte mit allzu kräftigen Strahlen das Wachs, das die Fittiche zusammenhielt, und ehe es Ikarus nur bemerkte, waren die Flügel aufgelöst und zu beiden Seiten den Schultern entsunken. Noch ruderte der unglückliche Jüngling und schwang seine nackten Arme; aber er bekam keine Luft zu fassen, und plötzlich stürzte er in die Tiefe. Er hatte den Namen seines Vaters als Hilferuf auf den Lippen; doch ehe er ihn aussprechen konnte, hatte ihn die blaue Meeresflut verschlungen.

Das alles war so schnell geschehen, dass Dädalus, hinter sich nach seinem Sohne, wie er von Zeit zu Zeit zu tun gewohnt war, blickend, nichts mehr von ihm gewahr wurde. »Ikarus, Ikarus!« rief er trostlos durch den leeren Luftraum. »Wo, in welchem Bezirke der Luft soll ich dich suchen?«

Endlich sandte er die ängstlich forschenden Blicke nach der Tiefe. Da sah er im Wasser die Federn schwimmen. Nun senkte er seinen Flug und ging, die Flügel abgelegt, ohne Trost am Ufer hin und her, wo bald die Meereswellen den Leichnam seines unglückseligen Kindes ans Gestade spielten.

Jetzt war der ermordete Talos gerächt. Der verzweifelnde Vater sorgte für das Begräbnis des Sohnes. Es war eine Insel, wo er sich niedergelassen, und wo der Leichnam ans Ufer geschwemmt worden war. Zum ewigen Gedächtnis an das jammervolle Ereignis erhielt das Eiland den Namen Ikaria.

Dädalus schwebt über dem zerschmettert am Ufer liegenden Körper seines Sohnes. Eine Nymphe trauert um den Toten. Fresko in der Villa Imperiale, Pompeji.

Fliegen wie ein Vogel
Die Vision des Leonardo

Geschwinder flog er, als der Phönix fliegt,
da er den Leib in Adlerfedern hüllte.
Mu'min bin Sa'id, 9. Jh.[9]

Etliche Versuche, wie Dädalus den Vögeln nachzueifern, gab es bereits im Mittelalter. Turmspringer ausgerüstet mit Flügeln unterschiedlichster Art stürzten sich von hohen Gebäuden oder natürlichen Erhebungen. So brach sich der andalusische Wissenschaftler Abbas ibn Firnas im Jahr 875 beide Beine, als er nach einem Gleitflug in einem mit Geierfedern bestückten Anzug am Boden aufschlug. Er führte es darauf zurück, dass er vergessen hatte, einen Schwanz zu konstruieren. Ähnlich erging es dem englischen Mönch Eilmer von Malmesbury, als er um 1010 mit an Händen und Füßen befestigten Schwingen vom Turm sprang. Angeblich flog er mehr als 200 Meter weit, stürzte dann aber ab, dabei wurde einer seiner Schenkel zertrümmert.[10] Mancher Glaubensbruder dürfte den Sturz als eine gebührende Lektion verstanden haben. Die Schwerkraft zu überwinden war im christlichen Abendland den Engeln, manchen Heiligen, und natürlich auch Jesus und Maria vorbehalten. Alle anderen hatten sich mit der vom Kirchenlehrer Augustinus vertretenen Ansicht zu begnügen, dass jedem Geschöpf ein bestimmtes Element als Lebensraum zugedacht sei - den Menschen die Erde, den Vögeln die Luft. Erst nach dem Tode durfte man hoffen, als Seele durch die Sphären des Paradieses zu schweben. Wer es aber als Sterblicher Christus bei der Himmelfahrt gleichtun wollte, hatte sich mit Dämonen verbunden und verdiente dafür hart bestraft.[11]

Mit der Renaissance begann eine neue Ära. Als Leonardo da Vinci seinen Traum vom Fliegen verwirklichen wollte, schien

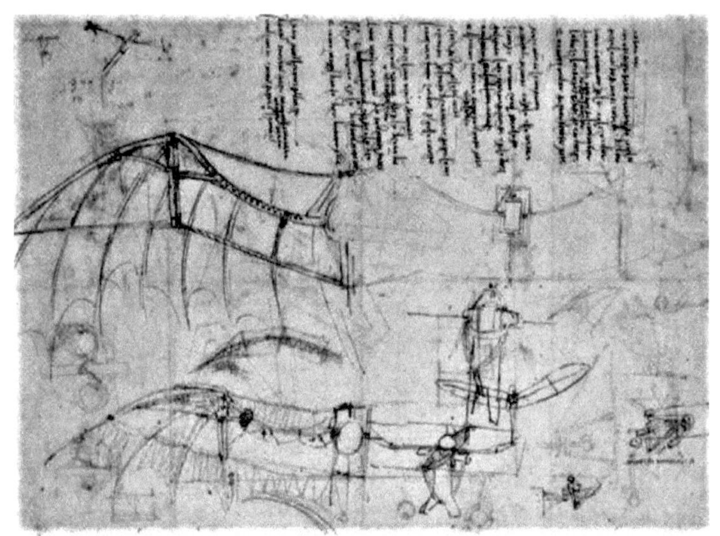

Da Vincis Entwurf einer Flugmaschine aus dem Jahre 1488.

beinahe alles möglich. Um 1487 entwarf der Meister Flügelskelette, an denen die Tragflächen wie Schwimmhäute zwischen gelenkigen Fingern aufgespannt werden sollten, und dazu überaus komplizierte Kraftumlenkungen, mit denen der Pilot jedes Fingerglied seiner Schwingen einzeln betätigen konnte. Die nötigen Materialien notierte er minutiös. Die Skelette sollten aus »Tannenholz, mit Linde verstärkt« sein, die Bespannung der Tragflächen aus der »Haut des Sehhahns«, eines fliegenden Fisches bestehen, oder, sofern nicht verfügbar, aus gewöhnlicher Haut. Für seine Experimente konstruierte Leonardo ein ganzes Arsenal von Messgeräten: Windmesser, Neigungsmesser und einen riesigen, blasebalgartigen Apparat. Mit diesem wollte er prüfen, ob bestimmte Flügel so viel Auftrieb erzeugen, dass sie einen Mann von 200 Pfund Gewicht in die Luft heben könnten.[12]

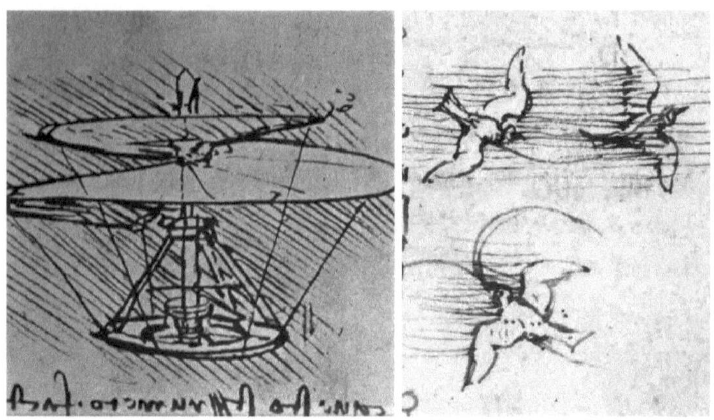

Luftschraube, Pariser Manuskript, ca. 1487. Rechts Studie zum Vogelflug bei unterschiedlichen Windbedingungen, Kodex über den Vogelflug, 1505.

Auch Leonardo knüpfte an den Versuchen der Turmspringer an, doch ging dabei sehr viel klüger vor. Das vielseitige Forschergenie zeichnete Hunderte von Vogelflügeln, studierte die Mechanik des Vogelflugs, die Strömungen der Luft, ergründete, wie Vögel auch ohne Flügelschlag an Höhe gewinnen, wie sie vorwärtskommen, indem sie ihr Körpergewicht verlagern und ihre Flügel verformen. Obwohl Leonardo das Prinzip des Propellers nicht kannte, ahnte er, dass seine Flugapparate die Verdrehungen der Vogelflügel würden nachahmen müssen. Wozu er in den Tragflächen eine Unzahl von Gelenken vorsah. Immer wieder hat sich da Vinci an der Natur orientiert und war zutiefst überzeugt: *»Der menschliche Schöpfergeist kann verschiedene Erfindungen machen [...], doch nie wird ihm eine gelingen, die schöner, ökonomischer oder geradliniger wäre als die der Natur, denn in ihren Erfindungen fehlt nichts und ist nichts zu viel.«*[13]

Als Leonardo sich um 1490 systematisch mit Anatomie zu beschäftigen begann, erkannte er, dass Menschen gemessen an ihrem Körpergewicht viel schwächer als Vögel sind. Auch erkannte er, dass Vögel umso weniger flattern, je größer sie sind. Ein Adler braucht seine Flügelbewegungen fast nur zum Steuern, er nutzt die Kraft des Windes. Leonardos Skizzen, die er auf unzähligen Wanderungen gezeichnet haben muss, zeigen, wie Geier unter verschiedenen Windverhältnissen Schleifen am Himmel ziehen, oder wie Adler mit einer Verstellung der Schwingen ihren Sturzflug einleiten. Andere Vögel gleiten in Wellenbewegungen abwärts oder segeln, die Thermik nutzend, in Spiralen nach oben. Elegant wie eine Schwalbe sollte sein Flugapparat durch die Lüfte ziehen, nur gelegentlich würde der Pilot mit einem Flügelschlag nachhelfen müssen. Und so konzentrierte sich Leonardo auf eine Art des Fliegens, die ihm erreichbar erschien: das Gleiten. In seinem Kopf bewegte er Ideen, die Experten einige Jahrhunderte später mit dem Begriff *Aerodynamik* beschreiben werden.

Leonardo entwarf etliche Arten von Luftfahrzeugen, darunter ein Gleitflugzeug, einen Fallschirm, einen Hubschrauber aus Schilf, Holz und Leinen, zudem zahlreiche unterschiedliche Schwingen-formen. Über die Flugversuche selbst allerdings schweigen seine Aufzeichnungen. Viele Biografen und Kunsthistoriker erklären da Vincis Flugmaschinen heute zu technischen Utopien. Doch scheint es kaum vorstellbar, dass ein so experimentierfreudiger Geist es bei bloßer Theorie belassen hat. Judy Leden, dreifache Weltmeisterin im Drachen- und Gleitschirmflug jedenfalls zauderte keinen Moment über das Angebot, am eigenen Leib herauszufinden, ob Leonardo mit seinem Gleiter imstande gewesen wäre zu fliegen. »Ich lief an und hob sofort ab, stieg über die Baumwipfel auf, bis die Fesselleinen mich bremsten, segelte den Hang hinab. Der Flügel begann beunruhigend in der Luft zu pendeln – aber ich landete am Ende des Abhangs sicher auf meinen Füßen. Es war fantastisch.«[14]

Reisen im Ballon

Erst 300 Jahre nach Leonardo sollte sich der Mensch in die Lüfte erheben. Vorerst geht die Eroberung des Himmels mit etlichen Stürzen im Federkleid weiter. Zunächst rückt ein Fluggerät in den Fokus, das von allein aufsteigt, weil es leichter als Luft ist. Am Mittag des 19. September 1783 blicken König Ludwig XVI. samt einer wogenden Menge an Neugierigen gespannt auf ein 3 Meter hohes Podest, das rundum von Soldaten abgesperrt ist. Um ein Uhr ertönt ein Knall. Das Feuer wird entzündet. Binnen zwölf Minuten entfaltet sich der am Boden liegende Stoffhaufen und richtet sich auf zu einem 17 Meter hohen, mit Girlanden kunstvoll geschmückten Ballon, entwickelt von den Brüdern Joseph und Étienne Montgolfier. Bis auf etwa 120 Meter steigt die *Montgolfière* in den Versailler Himmel. Das Schauspiel währt 8 Minuten, bevor die erste »bemannte« Ballonfahrt in einem gut drei Kilometer entfernten Wäldchen zu Ende geht. Die drei Passagiere - eine Ente, ein Hahn und ein Hammel - haben nicht nur den Aufstieg gut überstanden, sondern auch die Landung. »Nur der Hammel«, schreibt Étienne an seine Frau, »hat in den Käfig gepinkelt«.[15]

Mit den physikalischen Pionierleistungen der Brüder Montgolfier und ihren Konkurrenten rund um den statischen Auftrieb mittels leichter Traggase beginnt die erste Etappe der Luftfahrtgeschichte. Die Aufklärung hat seit 1700 den Boden bereitet. Die ratio wird zum Maß aller Dinge. Die Kirche verliert an Einfluss, die Wissenschaft schiebt sich immer mehr in den Vordergrund. Der Mensch forschte, experimentierte, entdeckte. Da die Epoche vom beschleunigten technischen Fortschritt zugleich von den letzten großen Entdeckungsreisen geprägt war, fand sich hier der ideale Stoff für den Abenteuerroman.

*Paris im Ballonfieber. Die ersten Menschen wagen sich in die Montgolfière.
C. L. Desrais: Darstellung eines bemannten Aufstiegs am 19. Oktober 1783
im Garten der Papierfabrik Réveillon.*

Nichts als Himmel und Wasser
Jules Verne

»Steigen wir wieder?
– Nein. Im Gegenteil, wir gehen herab.
– Noch schlimmer, Herr Cyrus? Wir – fallen!
– Herr Gott! So werfen Sie Ballast aus.
– Da ist der letzte schon entleerte Sack.
– Erhebt sich der Ballon?
– Nein!
– Ich höre etwas wie Wellengeplätscher.
– Unter der Gondel ist das Meer.
– Und höchstens fünfhundert Fuß unter uns!«

Da schallte eine mächtige Stimme durch die Luft und erklangen die Worte: »Alles, was ein Gewicht hat, hinaus damit! ... Alles! Und dann sei Gott uns gnädig!«

Dieser Zuruf verhallte am 23. März 1865 gegen vier Uhr Nachmittags über der Wasserwüste des Pazifischen Ozeans in den Lüften.

Gewiss hat noch niemand den verheerenden Nordoststurm vergessen, der zur Zeit der Frühlingsäquinoctien jenes Jahres ausbrach, und welchen ein Sinken des Barometers bis auf 710^{mm} begleitete. Unausgesetzt wütete jener vom 18. bis zum 24. März.

In Europa, Asien und Amerika richtete er in einem 1800 Meilen breiten, den Äquator schief durchschneidenden Striche von 35° nördlicher bis zu 40° südlicher Breite ungeheure Verwüstungen an. Zerstörte Städte, aus dem Boden gerissene Wälder, durch darüber gestürzte Wogenberge verheerte Ufer, gescheiterte Schiffe, welche das Bureau Veritas nach Hunderten zählte, ganze, durch Wasserhosen nivellierte Landstrecken, Tausende von Menschen, die auf dem Lande umkamen, oder vom Meere verschlungen wurden, - das waren die traurigen Spuren, welche dieser wütende Orkan auf seinem Wege hinterließ. An Zahl der Unfälle übertraf er noch jene, die über Habana und Guadeloupe, der eine am 25. Oktober 1810, der andere am 26. Juli 1825, hereinbrachen.

Während dieser vielfachen Katastrophen auf dem Lande und dem Meere spielte sich auch in den wildbewegten Lüften ein ergreifendes Drama ab.

Von dem Gipfel einer Trombe gleich einer Kugel auf dem Fontainenstrahle getragen und von der wurmförmigen Bewegung der Luftmassen erfasst, flog ein Ballon in fortwährender Drehung um sich selbst mit der rasenden Schnelligkeit von neunzig Meilen in der Stunde (= 46 Meter in der Sekunde oder 166 Kilometer in der Stunde) durch den unendlichen Raum dahin.

Unter demselben schaukelte eine Gondel mit fünf Insassen, die inmitten der dichten mit Wasserstaub vermengten Dünste, welche über den Ozean dahinjagten, kaum sichtbar war.

Woher kam dieses Luftschiff, dieser Spielball des entsetzlichen Sturmes? An welchem Punkte der Erde war es aufgestiegen? Während des Orkans selbst konnte es doch nicht wohl abgegangen sein, denn jener währte schon fünf Tage lang an und gingen seine ersten Anfänge bis auf den 18. März zurück. Gewiss musste der Ballon von sehr weit herkommen, da er binnen vierundzwanzig Stunden mindestens 2000 Meilen zurücklegte.

Jedenfalls stand den Passagieren kein Hilfsmittel zu Gebote, den seit ihrer Abreise zurückgelegten Weg abzuschätzen, da ihnen jedes Merkzeichen dafür abging. Ja, sie befanden sich sogar in der sonderbaren Lage, von dem Sturme, der sie entführte, nicht das Geringste gewahr zu werden. Sie flogen eben weiter, drehten sich um sich selbst und bemerkten weder etwas von der Drehung, noch von ihrer horizontalen Fortbewegung, da ihr Blick

die dichten Nebelmassen, die sich unter der Gondel zusammen
ballten, nicht zu durchdringen vermochte. Die Dunkelheit der
umgebenden Wolken war eine so große, dass sie nicht einmal
Tag und Nacht unterscheiden ließ. Solange sie in hohen Luftschichten dahin schwebten, traf sie kein Lichtstrahl, drang kein
Geräusch von der bewohnten Erde, kein Rauschen des empörten
Meeres bis zu ihnen hinaus. Nur ihr schneller Fall sollte sie über
die Gefahren belehren, die ihnen über den Wassern drohten.

Von allen schwerwiegenden Gegenständen, wie Waffen, Muni-
tion, Lebensmitteln etc. entlastet, stieg der Ballon 4500 Fuß in
die höheren Luftschichten auf. Nachdem sie das Meer unter
ihrer Gondel gesehen, hielten sich die Passagiere in der Höhe
für weit weniger gefährdet als in der Tiefe, zauderten keinen
Augenblick, auch die sonst nützlichsten und notwendigsten
Gegenstände über Bord zu werfen und achteten nur darauf, kein
Atom von der Seele ihres Fahrzeugs, dem Gase, zu verlieren,
das sie über dem Abgrunde schwebend erhielt.

Voll Unruhe und Angst verstrich die Nacht, welche für minder
energische Geister tödlich gewesen wäre. Dann kam der Tag
wieder und gleichzeitig schien die Wut des Sturmes nachzu-
lassen. Mit der Morgenröte des 24. März hoben sich die durch-
sichtiger gewordenen Wolkenmassen; nach wenigen Stunden zer-
riss die Trombe. Der Wind verwandelte sich aus einem Orkan in
eine »steife Brise«, d.h. seine Schnelligkeit verminderte sich
etwa um die Hälfte. Noch hätte man ihn zwar mit dem Seemanns-
ausdrucke einer »drei Reffbrise« bezeichnen können, immerhin
ließ der Kampf der Elemente aber recht fühlbar nach.

Gegen elf Uhr hatten sich die unteren Luftschichten vollkommen aufgehellt. Die Atmosphäre zeigte jene nach stärkeren
meteorischen Erscheinungen gewöhnliche sicht- und fühlbare
feuchte Durchsichtigkeit. Der Orkan schien nicht weiter nach
Westen gereicht zu haben, sondern in sich selbst zu Grunde ge-

gangen zu sein. Wahrscheinlich endete er nach dem Bruche der Trombe in elektrischen Entladungen, wie es auch von den Typhons des Indischen Meeres bekannt ist.

Zu derselben Zeit ward man aber auf's Neue gewahr, dass der Ballon langsam zu den unteren Luftschichten herabsank. Es schien sogar, als falle er zusammen und zöge sich seine Hülle in die Länge, mit Übergang aus der Form der Kugel in die eines Eies. Gegen Mittag schwebte das Luftschiff kaum noch 2000 Fuß über dem Meere. Jenes fasste 50.000 Kubikfuß und konnte sich, Dank seiner Kapazität, sowohl lange Zeit in der Luft halten, als auch sehr bedeutende Höhen erreichen.

Die Passagiere warfen nun die letzten Gegenstände aus, welche die Gondel beschwerten, einige bis hierher aufbewahrte Nahrungsmittel, alles, bis auf die Kleinigkeiten, die man in den Taschen zu tragen pflegt. Einer von ihnen war in den Ring geklettert, an den die Fäden des Netzes geknüpft sind, und suchte dieses Anhängsel des Luftschiffes möglichst verlässlich zu befestigen.

Augenscheinlich vermochten die Passagiere den Ballon nicht mehr in der Höhe zu erhalten, und fehlte es ihnen an Gas. Sie waren so gut wie verloren! Kein Festland, keine rettende Insel erhob sich aus dem Wasser, kein Landungsplatz, an dem der Anker hätte haften können.

Unter ihnen dehnte sich nur das unendliche Meer, dessen Wogen sich mit schrecklichem Ungetüm dahin wälzten, - der Ozean ohne sichtbare Grenzen, nicht einmal für jene Umschauer in der Höhe, deren Blicke einen Umkreis von vierzig (englischen) Meilen nach jeder Seite hin beherrschten! - Es war jene vom Orkane ohne Erbarmen gepeitschte Wasserwüste, die ihnen wie eine wilde Jagd entfesselter Wellen erschien, auf deren Rücken weiße Kämme schäumten. Kein Land war in Sicht, kein hilfeversprechendes Fahrzeug!

Um jeden Preis musste also dem Niedersinken des Ballons Einhalt getan werden, um dem Untergange in den Wogen zu entgehen. Dieses so dringliche Vorhaben beschäftigte eben die Insassen der Gondel. Trotz aller Bemühungen fiel der Ballon aber mehr und mehr und trieb gleichzeitig mit dem Winde von Nordosten nach Südwesten in rasender Schnelligkeit dahin.

Es war eine schreckliche Lage, in der sich die Unglücklichen befanden. Nicht mehr Herren ihres Luftschiffes, stand ihnen auch kein wirksames Hilfsmittel zu Gebote. Die Hülle des Ballons schwoll mehr und mehr ab; das Gas entwich durch dieselbe. Sichtbar beschleunigte sich der Fall, und kaum sechshundert Fuß trennten die Gondel noch vom Ozeane.

Das Entweichen der Füllung, die durch einen Riss des Aerostaten ausströmte, war aber nicht zu hindern.

Durch Erleichterung der Gondel hatten die Passagiere sich zwar noch etwas länger in der Luft halten können, aber doch nur um einige Stunden. Die unvermeidliche Katastrophe war eben nicht abzuwenden, und im Fall vor Eintritt der Nacht kein rettendes Land auftauchte, mussten Passagiere, Gondel und Ballon ihren Untergang finden.

Eine einzige Hilfe gab es noch, und zu dieser griff man in diesem Augenblicke. Offenbar waren die Passagiere des Luftschiffes energische Leute, die dem Tode unerschüttert ins Auge sahen. Kein Laut drängte sich über ihre Lippen. Sie hatten beschlossen, bis zum letzten Atemzuge zu kämpfen und nichts unversucht zu lassen, um ihren Fall aufzuhalten. Die nur aus Korbweidengeflecht bestehende Gondel war untauglich zu schwimmen, und hätte auf keine Weise über Wasser gehalten werden können.

Um zwei Uhr schwebte das Luftschiff kaum noch vierhundert Fuß über den Wellen.

Da erschallte eine Stimme, die eines Mannes, dessen Herz

keine Furcht kannte; ihr antworteten nicht minder entschlossene Stimmen:

»Ist Alles ausgeworfen?

– Nein! Noch sind 10.000 Francs in Gold hier.«

Sofort fiel ein schwerer Sack ins Meer.

»Steigt der Ballon?

– Ein wenig, er wird bald genug wieder sinken.

– Was können wir weiter über Bord werfen?

– Nichts!

– Doch! – Die Gondel selbst!

– Schnell alle in die Stricke und die Gondel ins Meer!«

In der Tat lag hierin das äußerste Mittel, den Aerostaten zu entlasten.

Die Stricke zwischen der Gondel und dem Ring wurden durchschnitten, und noch einmal schoss der Ballon zu einer Höhe von 2000 Fuß empor.

Die fünf Passagiere hingen in den Schnüren oberhalb des Ringes und hielten sich an den Netzmaschen über der entsetzlichen Tiefe.

Das so empfindliche Bestreben eines Luftschiffes nach der Gleichgewichtslage ist bekannt, ebenso wie die Erfahrung, dass man nur den leichtesten Gegenstand auszuwerfen braucht, um eine Bewegung in vertikalem Sinne hervorzurufen. Ein solcher in der Luft schwimmender Apparat stellt gewissermaßen eine mathematisch richtige Waage dar. Es leuchtet also ein, dass seine plötzliche Entlastung von einem beträchtlichen Gewichte ihn weit und schnell emportreiben muss. Derselbe Fall trat eben jetzt ein.

Nach einigem Auf- und Abschwanken in den höheren Luftschichten aber begann der Ballon wieder zu fallen, da der Riss, welcher dem Gase den Austritt gestattete, nicht zu schließen war.

Die Passagiere hatten getan, was in ihrer Macht stand; nun

gab es kein Mittel weiter, sie zu retten, und sie hofften nur noch auf die Hilfe der Vorsehung.

Um vier Uhr strich der Ballon wiederum nur vierhundert Fuß über dem Wasser hin.

Da erschallte ein lautes Gebell. In Begleitung der Passagiere befand sich auch ein Hund, der neben seinem Herrn in den Maschen des Netzes hing.

»Top muss etwas gesehen haben!« rief einer der Passagiere. Bald darauf ertönte auch eine markige Stimme:

»Land! Land!«

Vom Anbruch des Morgens an hatte der Ballon, den der Wind unausgesetzt nach Südwesten trieb, eine gewaltige nach Hunderten von Meilen zu berechnende Entfernung durchmessen, als jetzt in seiner Fluglinie ein ziemlich hoch ansteigendes Land in Sicht kam.

Noch befand es sich freilich gegen dreißig Meilen unter dem Winde, und einer guten Stunde bedurfte es wohl, dasselbe zu erreichen, vorausgesetzt, dass der Ballon nicht aus der Richtung kam. Eine Stunde! Würde das Luftschiff sich nicht vor Ablauf dieser Zeit vollkommen entleert und seine Tragkraft eingebüßt haben?

Das war die schreckliche Frage. Deutlich sahen die Passagiere den Punkt, den es um jeden Preis zu erreichen galt. Ob jener zu einer Insel oder zu einem Kontinente gehörte, sie wussten es nicht, ja, sie kannten kaum die Richtung, in welcher der Orkan sie verschlagen hatte. Ob jenes Stück Erde aber bewohnt war oder nicht, ob es ein gastliches Land oder nicht, - sie mussten es zu erreichen suchen!

Seit vier Uhr konnte sich Niemand mehr darüber täuschen, dass der Ballon keine Tragkraft mehr hatte. Er streifte schon dann und wann die Oberfläche des Meeres. Mehrmals beleckten die Kämme der enormen Wellen das untere Strickwerk, vergrößerten

Hier wurde nicht auf einen Heißluftballon à la Montgolfier gesetzt, sondern auf einen Gasballon. Bereits seit 1766 war das leichteste aller tragenden Medien bekannt. Illustration zur Pariser-Ausgabe der L'île mystérieuse, Jules Férat 1874.

dadurch sein ursprüngliches Gewicht, und nur zur Hälfte hielt sich der Ballon noch aufrecht, wie ein flügellahm geschossener Vogel.

Eine halbe Stunde später winkte das rettende Land in der Entfernung von nur einer Meile, doch jetzt barg der erschöpfte, schlaffe, lang gestreckte und tiefe Falten schlagende Ballon bloß noch in seinen obersten Teilen etwas Gas. Auch die in den Schnüren hängenden Passagiere belasteten ihn zu sehr, und bald tauchten diese halb ins Meer und wurden von den wütenden Wellen geschüttelt. Die Hülle des Luftschiffes bildete eine den

Jules Férat: Landung auf dem Eiland. Illustration aus der berühmten von Hetzel verlegten französischen Erstausgabe der »Geheimnisvollen Insel«, 1874.

Wind fangende Tasche, und trieb das Ganze wie ein Fahrzeug dahin. Vielleicht erreichte es auf diese Weise die Küste!

Nur zwei Kabellängen von dieser entfernt ertönte plötzlich ein gleichzeitiger Aufschrei aus vier Kehlen. Der Ballon, von dem man ein wiederholtes Erheben nicht vermutete, machte einen unerwarteten Sprung, nachdem ihn ein mächtiger Wasserberg getroffen hatte. So als ob er plötzlich weiter entlastet worden sei, schnellte er bis 1500 Fuß in die Höhe und begegnete dabei einer Art Luftwirbel, der ihn statt nach der Küste nur auf derselben Stelle mehrmals herumdrehte. Nach Ablauf zweier Minuten aber sank er in schräger Linie und fiel endlich außerhalb des Bereichs der Wellen auf den Ufersand nieder.

Die Passagiere halfen einer dem andern aus den Maschen des Netzes. Der von ihrem Gewichte befreite Ballon wurde wieder vom Winde ergriffen und verschwand, wie ein verwundeter Vogel, der noch einmal auflebt, in den Lüften.

Fünf Passagiere und einen Hund hatte die Gondel getragen, nur vier warf der Ballon ans Ufer.

Der Fehlende war offenbar durch den anschlagenden Wasserberg mit fortgeführt worden und hatte dem dadurch erleichterten Ballon Gelegenheit gegeben, sich zum letzten Male zu erheben und dann das Land zu erreichen.

Kaum setzten die vier Schiffbrüchigen, – denn diesen Namen verdienten sie wohl mit allem Rechte, – den Fuß aufs Land, als sie bemerkten, dass Einer von ihnen fehle, und riefen:

»Wahrscheinlich sucht er sich durch Schwimmen zu retten! Zu Hilfe! Zu Hilfe!«

Die geheimnisvolle Insel, Kap. I., 1874[16]

Lilienthal mit Flügelschlagapparat am 16. August 1894.

Otto Lilienthal
Störche waren meine Lehrer

Obwohl man seit dem ersten Menschenflug glaubte, dem Heiß-luftballon gehöre die Zukunft, andere Flugpioniere versuchen sich weiter am Bau von Geräten mit Flügeln. Auch Otto Lilien-thal. Wie einst Da Vinci galt seine große Leidenschaft den Beobachtungen des Vogelflugs. Im Jahr 1889 veröffentlichte der gelernte Ingenieur sein Buch »Der Vogelflug als Grundlage der Fliegekunst«, die heute wichtigste flugtechnische Veröffentli-chung des 19. Jahrhunderts. Seine ganz besondere Liebe galt dem Flug der Störche.

Fast möchte man dem Eindrucke Raum geben, als sei der Storch eigens dazu geschaffen, um in uns Menschen die Sehn-sucht zum Fliegen anzuregen und uns als Lehrmeister in dieser Kunst zu dienen; [...] Gewährt nun schon die Beobachtung des eigentlich wilden Storches, wenn er diesen Namen überhaupt verdient, viel Anregendes, so ist der Umgang mit ganz gezähmten Störchen erst recht interessant und lehrreich. […] Die Flugübungen solcher jung gezähmter Störche geben Anlass zu den mannigfaltigsten Betrachtungen. […] Im Garten oder Park also wachsen die zahmen Jungen heran, und der große Rasenplatz dient als Versuchsfeld für die Flugübungen.

Zunächst wird die grüne Fläche des Morgens nach Insekten und Schnecken abgesucht, und mancher Regenwurm, der noch von seinem nächtlichen Treiben her mit dem spitzen Kopfe aus der Erde hervorlugt, wird von den scharfen Augen selbst im tiefsten Grase erspäht, mit der Schnabelspitze langsam hervorgezogen, damit er nicht abreißt, und mit Appetit in den Schlund geworfen. Dann aber beginnt das Studium des Fliegens, wobei zunächst die Windrichtung ausgekundschaftet wird.

Wie auf dem Dache, so werden auch hier alle Übungen gegen den Wind ausgeführt. Aber der Wind ist hier nicht so beständig wie auf dem Dache und daher die Übung schwieriger. Zuweilen ruft ein stärkerer, von einer geschützten Seite anwehender Wind Luftwirbel hervor, die bald von hier, bald von dort anwehen. Dann sieht es lustig aus, wie die übungsbeflissenen Störche mit gehobenen Flügeln herumtanzen und nach den Windstößen haschen, die bald von vorn, bald von hinten, bald von der Seite kommen. Gelingt ein so versuchter kurzer Aufflug, dann erschallt sofort freudiges Geklapper. Bläst der Wind beständig von einer freien Seite über die Lichtung, dann wird ihm hüpfend und laufend entgegengeflogen, Kehrt gemacht, und gravitätisch wieder an das andere Ende des Platzes stolziert, um von neuem den Anflug gegen den die Hebung erleichternden Wind zu versuchen.

So werden die Übungen täglich fortgesetzt. Zuerst gelingt bei einem Aufsprung nur ein einziger Flügelschlag; denn bevor zum zweiten Schlage ausgeholt ist, stehen die langen vorsichtig

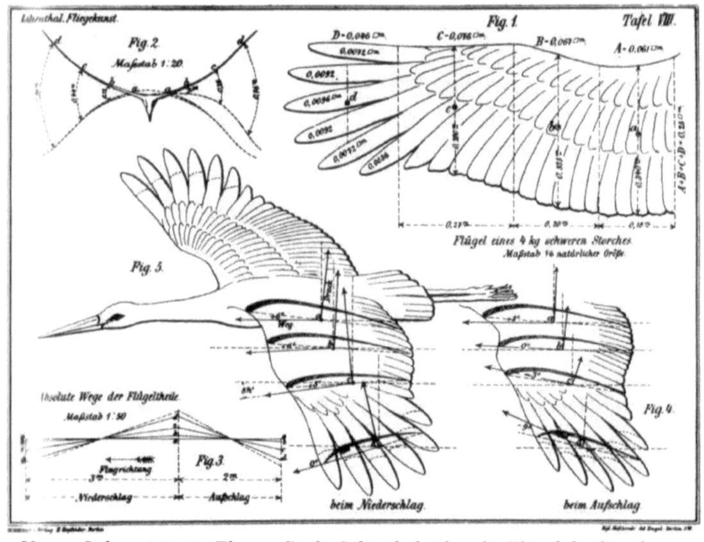

»Unsere Lehrmeister im Fluge«, Studie Lilienthals über die Flügel des Storches, 1889. Seine revolutionäre Erkenntnis: Am wichtigsten für das Gleiten ist die Form der Flügel, die ihren Auftrieb durch die leichte Wölbung erhalten.

gehaltenen Beine schon wieder auf dem Boden. Sowie aber diese Klippe erst überwunden ist, wenn der zweite Flügelschlag gemacht werden kann, ohne dass die Beine aufstoßen, wenn der Storch also beim zweiten Heben der Flügel den Boden nicht erreichte, dann geht es mit Riesenschritten vorwärts; denn die vermehrte Vorwärtsgeschwindigkeit erleichtert den Flug, so dass auch bald 3, 4 und mehr Flügelschläge bündig hintereinander in einem Satze ausgeführt werden können; unbeholfen, ungeschickt, aber nie unglücklich, weil stets vorsichtig.

Der Storch aber, den man bei niedrigem, langsamem Fluge an den durch Bäume geschützten überwindigen Stellen für einen Stümper hielt, erlangt sofort eine Sicherheit und Ausdauer im

Fluge, sobald er über die Baumkronen sich erheben kann und den frischen Wind unter den Flügeln verspürt. Daran merkt man so recht, was der Wind den Vögeln ist, indem auch die jungen Störche gleich durch den Wind verführt werden, die anstrengenden Flügelschläge zu sparen und das Segeln zu versuchen.

Durch diese unerwartete Vervollkommnung im Fluge der jungen Störche, habe ich einst meine drei besten Flieger verloren; denn ich glaubte an eine so schnelle Entwickelung nicht, als eine nur dreitägige Reise mich von Hause rief, und gab daher keine Anweisung, die Störche eingesperrt zu halten, obwohl die Zeit des Abzuges nahte. Bei meiner Rückkehr musste ich denn auch leider erfahren, dass durch den höheren Flug und die zufällig eingetretenen windigen Tage diese drei jungen Störche, die vorher den Eindruck machten, als hätten sie die größten Anstrengungen bei ihren kleinen niedrigen Flügen, dass diese Tiere plötzlich ausdauernde Flieger geworden, und schon am 31. Juli von anderen vorüberziehenden Störchen zur Mitreise verführt worden seien.

Auf die an die Meinen gerichtete Frage, warum denn der hohe Flug der Störche, von dem sie doch zuerst abends wieder in den Stall zurückkehrten, keine Veranlassung gegeben habe, sie vorsichtig eingeschlossen zu halten, erhielt ich die Antwort: »Hättest du gesehen, wie schön unsere Störche geflogen sind, wie sie sich in den letzten Tagen in der Luft wiegend höher und höher erhoben, du hättest es selbst nicht übers Herz gebracht, sie eingesperrt zu halten und an diesen herrlichen Bewegungen zu hindern, nach denen ihr bittender Blick aus ihren sanften schwarzen Augen verlangte.«[17]

Gestern waren wir noch in Amerika
Vom ersten Nonstop-Flug über den Atlantik

Wenige Jahre vor dem Ersten Weltkrieg gelang es Piloten zum ersten Mal, mit ihren harmlosen Doppeldeckern vom Boden abzuheben und in die scheinbar schwerelose Luft zu steigen. Was 1903, als Orville Wrights Doppeldecker 12 Sekunden in der Luft blieb, mit einer Neuausstattung von da Vincis fußbetriebenem Fluggerät begann, entwickelte sich bald schon zu den himmelsverdunkelnden Jagdfliegern. Am Beginn des 20. Jh. durchlief das Flugzeug eine rasante technische Entwicklung. Diesen Prozess hat der Erste Weltkrieg entscheidend beschleunigt. Die Industriestaaten förderten den Aufschwung der Flugtechnik insbesondere durch die Ausschreibung von internationalen Wettbewerben. Für den ersten Nonstopflug über den Atlantik hatte die Londoner Daily Mail ein Preisgeld von 10.000 £ ausgesetzt. Die beiden jungen Briten John Alcock und Arthur Whitten Brown nahmen die Herausforderung an. In einem umgebauten Weltkriegsbomber wagten sie sich 1919 von Neufundland auf die offene See hinaus. 3000 Kilometer lagen bis zur irischen Küste vor ihnen. Whitten Brown, Navigator des Flugs, hat die abenteuerlichsten 16 Stunden seines Lebens festgehalten in »Flying the atlantic in sixteen hours«.[18]

Mitternacht kam und mit ihr düstere Dunkelheit, verändert nur durch das gedämpfte Mondlicht und den roten Glanz, der aus den Auspuffrohren der Motoren sprühte. Bis dahin müssen wir etwa 6000 Fuß [1828 m] hochgestiegen sein, obwohl mein Logbuch keine Aufzeichnungen über unsere Höhe zu diesem

Abflug der Vickers Vimy von St. John's, Neufundland am 14 Juni 1919.

Zeitpunkt enthält. Inzwischen befanden wir uns noch zwischen den oberen und unteren Bereichen der Wolkenbanken. Um Viertel nach zwölf stieß Alcock mit der Vickers-Vimy durch den oberen Bereich, nur um eine dritte Wolkenschicht zu finden, die mehrere tausend Meter höher lag. Diese war jedoch lückenhaft und ohne Kontinuität, sodass ich von Zeit zu Zeit die Sterne erblicken konnte. Um 12:25 erkannte ich durch eine Lücke die nordöstlich gelegene Wega, die sehr hell am Himmel schien, und den Polarstern. Mit ihrer Hilfe und der eines Wolkenhorizonts, der im Mondlicht klar definiert war, nicht weit unter unserem Niveau, benutzte ich den Sextanten, um unsere Position zu fixieren.

Ich fand den Breitengrad 50° 7' N. und den Längengrad 31° W., was zeigte, dass wir 850 Seemeilen [1574 km] mit einer Durchschnittsgeschwindigkeit von 106 Knoten [196 km/h] geflogen waren. Wir befanden uns etwas südlich des korrekten Kurses, was ich Alcock in einer Notiz mit Bleistiftkorrekturen zur Behebung der Abweichung mitteilte. Die meisten meiner geschätzten Berechnungen lagen knapp vor unserer tatsächlichen Position, weil ich, beeinflusst durch meteorologische Vorhersagen, die auf den Wetterberichten von St. John's beruhten, ein Abfallen der Windstärke einkalkuliert hatte, und das war nicht eingetreten. Nachdem wir die Sterne gefunden und unsere Position und Richtung überprüft hatten, bestand die dringende Notwendigkeit, weiter zu steigen, nicht mehr. Alcock pflegte seine Motoren sehr sorgfältig, und um sie zu entlasten, ließ er die Maschine langsam an Höhe verlieren. Um 1:20 Uhr waren wir auf viertausend Fuß [1219 m] und eine Stunde später nochmal vierhundert Fuß tiefer gesunken.

Die Wolken darüber waren immer noch lückenhaft, Sternhaufen erhellten die Intervalle dazwischen. Aber die Vickers-Vimy bewegte sich auf ihrer damaligen Höhe durch ein Nebelmeer, das eine wirksame Beobachtung verhinderte. Dies habe ich dem Piloten in einer Nachricht mitgeteilt: »Kann keine guten Messwerte bekommen. Beobachtung zu unbestimmt.«

Der Mond war etwa anderthalb Stunden sichtbar, strahlte einen nebligen Schein über die Halbdunkelheit aus und färbte die Wolkenspitzen mit Variationen aus Silber, Gold und weichem Rot. Wann immer direkt sichtbar, warf er die bewegten Schatten der Vickers-Vimy auf die Wolken darunter.

Meistens konnte ich den Mond sehen, indem ich über die Steuerbord-Tragfläche schaute. Ich versuchte, den Breitengrad zu bestimmen, aber der Horizont war immer noch zu unbestimmt.

Eine Aura der Unwirklichkeit schien uns zu umgeben, als wir weiter in Richtung Morgendämmerung und Irland flogen. Die fantastische Umgebung drang in mein waches Bewusstsein als etwas extravagant Abnormales ein - das verzerrte Rund des Mondes, das seltsame Halblicht, die monströsen Wolkenformen, der Nebel unter uns und um uns herum, die neblige Unbestimmtheit des Raumes, das unveränderliche Dröhnen, Dröhnen, Dröhnen der Motoren.

Um mich von der Seltsamkeit des Ganzen zu befreien, wandte

ich mich dem kleinen Essensschrank an der Rückseite des Cockpits zu. Zweimal in der Nacht tranken und aßen wir etwas, Alcock hielt eine Hand am Steuer, während er mit der anderen Sandwiches, Schokolade und Thermoskanne entgegennahm, die ich ihm nacheinander reichte. Außerhalb des Cockpits war es bitterkalt, aber drinnen herrschte wohlige Wärme, dank der schützenden Windschutzscheibe, der Nähe der Heizung und unserer dicken Kleidung. Unser fast einziges körperliches Unbehagen resultierte aus der Unmöglichkeit irgendeiner anderen als beengter Bewegungen. Es war sogar eine Erleichterung, mich von einem Motor zum anderen zu drehen, wenn ich sie im Licht meiner Taschenlampe überprüfte. Nach mehreren Stunden der Beengung wollte ich mich bewegen, gehen, mich strecken. Für Alcock, der seine Füße nie von den Ruderstäben nahm, muss das Gefühl nervöser Anspannung schmerzhaft unangenehm gewesen sein.

Es ist 3:00 h. Doch sie empfinden keinerlei Müdigkeit. Sie kennen das aus dem Krieg. Erst wenn die Aufgabe erfüllt ist, fällt die Spannung ab, und es fällt schwer gegen den Schlaf anzukämpfen. Doch ihr Ziel liegt noch vor ihnen.

Es gab also keine mentale Reaktion während unserer langen Periode des wachen Flugs über den Ozean. Wir fingen an, über den Sonnenaufgang und den neuen Tag nachzudenken. Wir waren über zehn Stunden geflogen, und die nächsten zehn würden Erfolg oder Misserfolg bringen. Wir hatten mehr als genug Benzin, um die lange Reise zu bewältigen, denn Alcock hatte die Motoren sehr schonend behandelt, nie alle ausgefahren, sondern die Leistung auf halb bis dreiviertel Gas beschränkt. Unser Kurs schien zufriedenstellend, und der Gedanke des Scheiterns bezog sich nur auf die Möglichkeit eines Motorschadens, wie er Hawker und Trauer widerfahren war, oder auf etwas völlig Unvorhergesehenes.

Glück im Unglück

Gegen Sonnenaufgang - 3:10 Uhr um genau zu sein - als wir zwischen dreitausendfünfhundert und viertausend Fuß waren, stießen wir auf eine dicke Bank, die über die untere Wolkenschicht hinausragte. Rundherum war dichter, treibender Dampf, der sogar die Flügelspitzen der Maschine und das vordere Ende der Rümpfe aus unserem Blickfeld nahm. Das kam völlig unerwartet, so plötzlich von der äußeren Führung getrennt, verloren wir unseren Instinkt fürs Gleichgewicht. Die Maschine, sich selbst überlassen, schwang, flog Amok und begann mit Zirkustricks. Bis wir entweder den Horizont oder den Himmel oder das Meer sehen und damit unseren Sinn für die Horizontale wiederherstellen konnten, vermochten wir nur durch die Instrumente zu ahnen, was mit der Vickers-Vimy geschah. […] Und dann kam es zum Stillstand, d. h. unsere Geschwindigkeit fiel unter das Minimum, das für Schwerelosigkeit erforderlich ist. Die Maschine hing für eine Sekunde bewegungslos, danach kippte sie um und fiel entweder in einen sich drehenden Nasensturz oder in eine sehr steile Spirale. Die Kompassnadel drehte sich weiterhin rasch, was anzeigte, dass die Maschine schwankte, als sie fiel; aber da wir noch durch den dichten Dampf eingeengt waren, konnten wir nicht sagen, wie oder in welche Richtung wir uns drehten.

Bevor der Pilot das Gas gedrosselt hatte, hatte sich das Getöse der Motoren fast verdoppelt, und statt der üblichen 1650 bis 1700 Umdrehungen pro Minute liefen sie mit etwa 2200 Umdrehungen pro Minute. Alcock schaltete die Drosselklappen ab und die Vibrationen hörten auf. Abgesehen von den wechselnden Niveaus, die durch das Aneroid markiert wurden, deutete nur die Tatsache, dass unsere Körper fest an die Sitze gedrückt wurden, auf einen Sturz der Maschine hin. Wie und in welchem Winkel sie fiel, wussten wir nicht. Alcock versuchte, die Steuerung zu zentralisieren, scheiterte aber, weil wir das Gefühl verloren hatten, was zentral war. Ich suchte in jeder Richtung nach einem äußeren Zeichen und sah nichts als undurchsichtige Nebel. Das Aneroid fuhr unterdessen fort, eine Höhe zu registrieren, die immer tiefer und erschreckend tiefer fiel - dreitausend, zweitausend, eintausend, fünfhundert Fuß.

Ich erkannte die Möglichkeit, dass wir jederzeit auf den Ozean treffen könnten, wenn die Genauigkeit des Aneroids durch Unterschiede zwischen den barometrischen Bedingungen unserer jetzigen Position und denen von St. John's, wo das Instrument eingestellt worden war, beeinträchtigt worden wäre. Eine wahrscheinliche Gefahr bestand darin, dass sich unsere Wolke bis an die Oberfläche des Ozeans erstrecken könnte; in diesem Fall wäre Alcock, der den Horizont nicht mehr sehen konnte, nicht in der Lage, dem Spin rechtzeitig entgegenzuwirken.

Ich stellte mich auf das Schlimmste ein, lockerte meinen Sicherheitsgurt und bereitete mich darauf vor, meine Flugnotizen zu retten. Alle Vorsichtsmaßnahmen wären vermutlich überflüssig gewesen, denn wären wir ins Meer gestürzt, hätte es nur eine geringe Überlebenschance gegeben. Wir befanden uns in einer steilen Schräge, selbst wenn wir beim ersten Tauchgang dem Ertrinken entkommen wären, wäre die Rettung durch ein vorbeifahrendes Schiff höchst unwahrscheinlich gewesen. Und dann, während diese Gedanken durch meinen Kopf schossen, verließen wir die Wolke so plötzlich, wie wir in sie hineingeraten waren. Wir waren nun weniger als 100 Fuß (30 m) vom Meer entfernt. Die Meeresoberfläche erschien nicht unterhalb der Maschine, sondern schien durch den weiten Winkel, in dem wir gegen die Horizontale geneigt waren, seitlich zu uns aufzuragen.

Alcock schaute auf den Ozean und den Horizont und im

Verhältnis zum äußeren Gleichgewicht erlangte er fast augenblicklich sein geistiges Gleichgewicht wieder. Glücklicherweise reagierte die Vimy schnell. Im letzten Moment, etwa 15 Meter über dem Wasser, gelang es Alcock die Maschine vor den Wellen abzufangen. Als die Maschine endlich wieder parallel zum Atlantik flog, schien es, als könnten wir fast die schäumende Gischt der Wellenkämme berühren.

Die Kompassnadel, die weitergeschwungen war, stabilisierte sich nun und zitterte nach Westen, was zeigte, dass das Ende der Drehung uns mit Blick auf Amerika verließ. Da wir nicht nach St. John's zurückkehren, sondern ernstlich Irland erreichen wollten, drehte Alcock die Maschine in einem weiten Halbkreis und ging ostwärts, während er vom Ozean weg zu den tiefsten Wolken aufstieg.

Morgen

Der Sonnenaufgang machte sich nur als ein allmähliches Aufhellen bemerkbar, das nichts als Wolken zeigte, oben und unten. Die Sonne selbst war nirgends zu sehen. Wir schienen in dichte Wolkenfelder hinein- und hinauszufliegen; denn von Zeit zu Zeit durchquerten wir einen weißen Berg, tauchten in einen kleinen Bereich klarer Atmosphäre auf und sahen uns dann einer anderen gewaltigen Barriere der Nebelhaftigkeit gegenüber.

Die Unbestimmtheit der Morgendämmerung enttäuschte meine Hoffnungen auf Beobachtungen. Schon um drei Uhr hatte ich dem Piloten eine Notiz gekritzelt:

»Siehst du die Sonne aufgehen, richte die Maschine geradeaus darauf, und wir werden Kompasspeilung bekommen.«

Ich hatte schon eine Tabelle von Stunden, Winkeln und Azimuten der Sonne bei ihrem Aufgang ausgearbeitet, um als Kontrolle über unsere Position zu dienen; aber wie die Dinge lagen, war ich gezwungen, die Navigation wieder mit Hilfe geschätzter Berechnungen aufzunehmen.

Ein Eintrag in meinem Logbuch um vierundzwanzig Minuten nach vier war, dass die Vickers-Vimy auf sechstausendfünfhundert Fuß [1981 m] gestiegen war und sich über dem unteren Wolkenbereich befand. Im Übrigen erinnere ich mich an die drei Stunden nach Sonnenaufgang hauptsächlich als an eine Periode der Wolkenumhüllung, und immer mehr Wolken. Bald, als wir weiter stiegen, flog die Maschine durch einen gleichmäßig dicken Nebel, der alles außerhalb eines Radius von ein paar Metern völlig aus unserem Blickfeld ausschloss. Und dann kam eine Schlechtwetterphase, die mit heftigen Regenfällen begann und in Schnee überging. Der Regenguss schien uns fast horizontal zu treffen [...] Auf den Schnee folgte Hagel, vermischte sich mit Schneeregen. Die geschützte Lage des Cockpits und die Stahlauskleidung der Maschine bewahrten uns vor dem Sturz, solange wir sitzen blieben; hätten wir aber eine Hand oder das Gesicht über die Windschutzscheibe gehalten, es hätte Dutzende von kribbelnden Stichwunden durch die Hagelkörner gegeben.

Als wir eine Höhe von 8800 Fuß [2682 m] erreicht hatten, entdeckte ich, dass die Glasfläche des Benzinüberlaufmessers, der anzeigte, ob die Kraftstoffzufuhr für die Motoren korrekt war oder nicht, von geronnenem Schnee verdeckt war. Zum Schutz vor Vergaserproblemen war es wichtig, dass der Pilot das Messgerät jederzeit ablesen konnte. Es war also an mir, den Schnee von der Scheibe zu befreien.

Das Messgerät wurde an einer der Querstreben im Mittelteil befestigt. Die einzige Möglichkeit, es zu erreichen, bestand darin, aus dem Cockpit zu steigen und sich auf den Rumpf zu knien, während man sich zur Balance an einer Strebe festhielt. Das tat ich, und der unangenehme Wechsel von der vergleichsweisen Wärme des Cockpits zur beißenden, eisigen Kälte draußen war sehr unangenehm. Der gewaltsame Ansturm von verdrängter Luft, der dazu neigte, mich rückwärts fortzureißen, war ein weiteres Unbehagen. Ich hatte jedoch keine Schwierigkeiten, nach oben zu greifen und den Schnee von der Vorderseite des Messgerätes zu reiben. Bis zum Ende des Sturms war eine Wiederholung dieser Darbietung in ziemlich häufigen Intervallen notwendig. Das Knien auf dem Rumpf war jedoch kaum gefährlich, solange Alcock die Maschine in der Waagerechten hielt.

Hin und wieder prüften wir die Motoren; denn von ihnen hing es ab, ob die nächsten vier Stunden Erfolg oder Misserfolg bringen würden. Inzwischen lebten wir nur noch für den Augenblick, und obgleich ich mich überaus gefreut hatte, dass vier Fünftel des Ozeans überquert worden waren, konnte ich es mir nicht leisten, Zeit in Spekulationen zu verlieren, was eine sichere Ankunft für uns bedeuten würde. Bis jetzt war keiner von uns der geringsten Anzeichen von Müdigkeit gewahr, weder geistig noch körperlich.

Als es nichts Dringenderes mehr zu tun gab, lauschte ich am Funkempfänger, aber von Anfang bis Ende des Fluges kam keine Nachricht für uns durch. Jede Art von Kommunikation mit einem Schiff oder von Land wäre willkommen gewesen als ein Zeichen, dass wir die Verbindung zur Welt unter uns nicht völlig verloren hatten. Das völlige Fehlen eines solchen Kontakts ließ es so aussehen, als scherte man sich einen Dreck um uns.

Der Eintrag, den ich um 6:20 in mein Logbuch kritzelte, war, dass wir eine Höhe von neuntausendvierhundert Fuß [2865 m] erreicht hatten und uns noch in einer treibenden Wolke befanden, die manchmal so dick war, dass sie Teile der Vickers-Vimy dem Blick entzog. Es fiel immer noch Schnee, und die oberen Seiten des Flugzeugs waren komplett mit einer Kruste aus gefrorenem Schneeregen bedeckt. Dieser setzte sich in den

Scharnieren der Querruder fest und klemmte sie, sodass die Maschine etwa eine Stunde lang kaum eine seitliche Steuerung hatte. Glücklicherweise verfügt die Vickers-Vimy über eine hohe seitliche Stabilität, und da die Rudersteuerungen nie durch Schneeregen verstopft wurden, konnten wir mit Vorsicht weiterfliegen.

Alcock stieg stetig weiter, um über die scheinbar endlosen Wolken hinauskommend mir einen klaren Himmel für die Navigation zu bieten. Um fünf Uhr, als wir in den Ebenen um elftausend Fuß [3352 m] waren, fing ich für einen Moment die Sonne ein - nur ein winziges Schimmern durch eine Wolkenlücke. Es gab keinen Horizont; aber ich war in der Lage, mithilfe meines *Abney-Spiritlevels* eine Messung zu erhalten. Diese Beobachtung zeigte uns eine Position nahe der irischen Küste. Ich war mir jedoch nicht sicher, wo genau wir uns auf der vorgegebenen Linie befanden. Wir blieben also auf elftausend Fuß, bis ich um 7:20 Uhr definitiv die Positionslinie festgelegt hatte. Nachdem ich dies geschafft hatte, schrieb ich die folgende Nachricht und übergab sie dem Piloten:

»Wir sollten besser tiefer gehen, wo die Luft wärmer ist, und wir vielleicht einen Dampfer sehen können.«

Gerade als wir begonnen hatten, nach unten zu schauen, begann der Steuerbordmotor bedrohlich zu knallen, als würde er durch einen seiner Vergaser nach hinten zünden. Alcock drosselte zurück, während er die Maschine auf einem langsamen Gleiten hielt. Das Knallen hörte darauf auf.

Um acht Uhr waren wir von elftausend auf tausend Fuß [304 m] abgestiegen, wo die Maschine noch von wolkigem Dampf umgeben war. Hier jedoch war die Atmosphäre viel wärmer, und die Querruder waren wieder in Betrieb. Alcock führte die Maschine vorsichtig nach unten, ohne zu wissen, ob die Wolke sich bis zum Meer ausdehnte oder in welchem Moment das Fahr-

werk die Wellen berühren würde. Er hatte seinen Sicherheitsgurt
gelockert und war bereit, das Schiff zu verlassen, sobald wir ins
Wasser stießen. […] Aber wieder hatten wir Glück. In einer Höhe
von fünfhundert Fuß [150 m] stieß die Vickers-Vimy durch die
Wolkendecke, und wir sahen den Ozean - eine rastlose Oberfläche von stumpfem Grau. Alcock öffnete sofort die Drosselklappen, und beide Motoren reagierten. Offenbar war eine kurze
Pause alles gewesen, was der Steuerbordmotor brauchte, als er
zu stottern begann, denn er gab nun keine weiteren Anzeichen
von Schwierigkeiten.

Meine Berechnungen, wenn sie richtig waren, zeigten, dass
wir ziemlich nahe an Irland und dem Ende der Reise waren.
[…] Obwohl keiner von uns Hunger hatte, beschlossen wir, um
acht Uhr zu frühstücken, teils, um die Zeit totzuschlagen, teils,
um uns von der aufsteigenden Erregung zu befreien, ausgelöst
durch die Hoffnung, jeden Augenblick Land zu sehen. Ich legte
ein Sandwich, gefolgt von etwas Schokolade, in Alcocks linke
Hand. Seine rechte Hand blieb immer auf dem Bedienhebel und
die Füße auf dem Ruder. […] Ich hatte den Deckel der Thermoskanne festgeschraubt und war gerade dabei, die Reste des Essens
in den kleinen Schrank hinter meinem Sitz zu legen, als Alcock
meine Schulter packte, mich umdrehte, aufgeregt strahlte und
nach vorne und unten zeigte. Seine Lippen bewegten sich, aber
was er sagte, war unhörbar über dem Getöse der Motoren. Ich
folgte der Richtung, die sein ausgestreckter Zeigefinger anzeigte,
und, kaum sichtbar durch den Nebel, zeigte er mir zwei winzige
Flecken - Land. Dies geschah um 8:15 Uhr am 15. Juni. Leichten
Herzens legte ich Tabellen und Berechnungstabellen zur Seite
und ignorierte die Kompassnadel. Meine Arbeit als Navigator
des Fluges war beendet.

*Nicht so das Abenteuer. Um 8:25 Uhr passierte die Vickers
die irische Küste. Alcock sah eine Fläche, die wie eine Weide*

aussah, perfekt für die Landung. Wenig später berührten die Räder der Vimy den Boden. Im nächsten Moment wurden die beiden nach vorn geschleudert, die Reifen der Maschine waren tief eingesunken. Einmal mehr war das Glück auf ihrer Seite. Obwohl mitten in einer Moorlandschaft gelandet, blieben sie unverletzt. Es war Sonntag, kein Mensch weit und breit zu sehen. Erst als Brown seine Signalpistole mehrmals abfeuerte, kamen Soldaten von einer nahen Funkstation gerannt. Diese glaubten an eine der üblichen Bruchlandungen und wollten wissen:

»Wo kommt ihr her?«

»Gestern waren wir noch in Amerika«, antwortete Alcock und erntete Gelächter. Erst als er den Postsack mit den Briefen aus Neufundland zeigte, glaubte man ihm.

Die Vickers Vimy nach der Landung bei Clifden, Irland am 15. Juni 1919. Der stahlverstärkte Bug der Vimy rettet Alcock und Brown das Leben.

Vom Wind getragen
Arthur Martens

Winde können unberechenbar sein, nicht umsonst wurden sie oft als die Rache der Götter interpretiert. Für den Flieger der frühen Zeit, der im offenen Cockpit ohnehin den Naturgewalten sehr direkt ausgesetzt war, konnten wechselnde Windrichtungen, Böen und Fallwinde, leicht zum Verhängnis werden. Andere erkannten im thermischen Aufwind einen der nützlichen Winde der Himmelsgötter. So Arthur Martens, einer der wenigen zurückgekehrten blutjungen Frontflieger, der sich nach dem Ersten Weltkrieg ganz der Segelfliegerei verschrieb.

Am 18. August 1922 verstaut der 25-jährige Maschinenbaustudent seine Vampyr - ein Segelflugzeug, das er gemeinsam mit Hannoveraner Kommilitonen der Akademischen Fliegergruppe entworfen hat - auf den Transportwagen, um an den steilen Westhang der Wasserkuppe zu gelangen. Es ist die höchste Erhebung der Rhön, eines hessischen Mittelgebirges, wo heute ein Preisfliegen stattfindet, ausgeschrieben von der deutschen Industrie. 50.000 Mark gewinnt derjenige, der sich 40 Minuten vom Wind tragen lässt und dabei motorlos eine Flugstrecke von fünf Kilometern zurücklegt. Die Höchstleistung lag bisher bei kaum mehr als einer Viertelstunde. Ein Wind von 6-8 Metern in der Sekunde weht über das Plateau. Er hat in kurzer Zeit stark westlich gedreht - günstige Aussichten, um auf den großen Segelpreis zu starten.

Martens erinnert sich[19]: Still und ruhig zieht hoch über uns ein Bussard seine Kreise und späht auf die mühsam vorwärtsdringenden Menschlein herab, die den großen Vogel zum Startplatz schleppen. Ein Ruck geht durch die Kolonne - die Wagen stocken - kein Laut, alles starrt gen Westen. In einigen hundert Metern Entfernung steigt majestätisch und ruhig ein Riesenvogel hinter dem Berghang hervor. Ein wunderbares Schauspiel. Wie von unsichtbarer Kraft gehoben steigt er ... steigt ... steigt weiter. Jetzt biegt er nach links ab und saust mit großer Fahrt am Westhang entlang. Immer noch hält er gleiche Höhe, bis er versucht, den Startplatz wieder zu erreichen. Da - die Rechtskurve kostet ihn Höhe - er sinkt tiefer und tiefer. Wird er die Höhe zurückgewinnen, wird er landen müssen? Langsam verliert er seine Höhe und verschwindet hinter dem Bergrücken. Ist er gelandet? In unserem Innersten wünschen wir es wohl alle, denn wir wollten doch die Ersten sein.

Schneller geht der Transport. Ich laufe vorweg, um auf der Baude noch schnell einen Schluck Kaffee zu trinken und ein Brot zu essen. Mittagessen haben wir alle versäumt in der Aufregung. Schnell ist für das leibliche Wohl gesorgt und im Sturmschritt geht es zum Start. Fast gleichzeitig mit mir trifft unser braver *Vampyr* ein, kurz hinter ihm der *Greif.* ›Darmstadt‹ ist gelandet. Hinten an der Eube steht die Maschine, schon sind die Hilfsmannschaften drüben und langsam rückt sie dem Start wieder näher. Der Flug war wunderbar schön, aber wir müssen versuchen, es besser zu machen. Bei der Leitung gab ich meine Startmeldung ab: ›Flug auf *Vampyr,* Start auf den Großen Industrie-Preis.‹ Schnell ist die Maschine vom Transportwagen gehoben und steht startbereit. Ein kurzer prüfender Blick, eine schnelle Probe der Steuerzüge, und unter Scherzen und Lachen zwängt man mich in den Sitz. Denn das Einsteigen in unseren Segler ist nicht so einfach, wenn man über etwas lange Beine verfügt.

›Alles fertig?‹

›Alles fertig!‹ schallt es zurück.

›Windstärke?‹

›Schwankend zwischen 6-8 Meter-Sekunden.‹

Das Seil hängt am Starthaken. Die Startleute sind alle an ihren Plätzen. Es kann losgehen. *[Anm: Zwei Helfertrupps spannen ein Gummiseil V-förmig vor den Flieger; mit dieser Art Katapult wird die Maschine beschleunigt.]*

›7 – 7 – 8 – 8V2 !‹ ruft der Mann mit dem Windmesser.

Klar und scharf kommt vom Führersitz das Startkommando: ›Achtung - fertig - los!‹

Ein Poltern geht durch die Maschine. Leicht federnd rollt sie auf unserem eigenartigen Fahrgestell, den Conti-Bällen, über den leicht abschüssigen Wiesengrund. Vom Flügelende höre ich das Kommando ›Frei‹ und reiße die Maschine ab.

Leicht erhebt sich der große, weiße Vogel. Links und rechts sieht man Startleute in den ulkigsten Stellungen unter dem Tragdeck vorbeihuschen, die sich ducken, um nicht vom Flügel gefasst zu werden. Optische Täuschung. Über ihnen bin ich schon viel höher, als dass ich ihnen noch irgendwie gefährlich werden könnte.

Der Wind weht ziemlich gleichmäßig, so dass ich nicht viel Steuerarbeit zu verrichten brauche, und der brave Vogel steigt, der Erdenschwere spottend, auf zum blauen Himmel.

Links von mir beobachte ich den Pferdskopf, einen Kegel, der scharfumrissen aus dem Bergmassiv herausspringt. Er sinkt tiefer und tiefer und mit schräg vorm Wind liegender Maschine komme ich ihm näher.

Oben auf der Spitze erkenne ich die Gestalt eines einsamen Beobachters, der den lautlosen Riesenvogel mit dem Glas verfolgt. Jetzt stehe ich hoch oben über dem Pferdskopf und fange an langsam die Maschine zu drehen, um zum Startplatz zurückzugelangen. Schräg rechts von mir, tief unten sehe ich das Gewimmel der Zuschauer, sehe die Baude auf der Wasserkuppe, sehe die Lößelpyramiden, zwischen denen ich gestartet bin.

Langsam und fester lasse ich die Maschine mit Gegenverwindung herum schieben, um sie im letzten Augenblick scharf in die Kurve zu legen. Das Manöver glückt! . . . *[Immer wieder liegende Achten drehend, schraubt er sich langsam empor.]*

Mit großer Fahrt, halb mit Rückenwind geht es auf den Startplatz los. Schon von weitem höre ich vielhundertstimmiges Rufen, das mehr und mehr anschwillt. Jetzt bin ich etwa 100 Meter hoch über dem Startplatz, und in scharfer Linkskurve über der Zuschauermenge drehe ich die Maschine wieder in den Wind. Zum ersten Male habe ich das lang ersehnte Ziel erreicht! Der geheimnisvolle Vogel schwebt hoch oben über dem Startplatz, um zu einer neuen Schleife anzusetzen. Ich atme auf und ein befreiendes, langgezogenes ›Hurra‹ klingt hoch oben aus den Lüften auf die Menge hinunter. Unten sehe ich Gestikulieren, Durcheinanderlaufen, höre hundert verschiedene Rufe und verstehe nichts. Wie lange bin ich schon in der Luft? . . . Die Zeit scheint kurz, scheint lang. Ich sehe auf die Uhr und habe die Startzeit vergessen. Schon bin ich wieder an der steil abfallenden Westwand und muss aufpassen, um nicht zu weit über das Tal hinauszuschießen, damit ich nicht die hebende Kraft des Windes verliere. Wiederum lasse ich den großen Segler quer vorm Wind dieselbe Bahn treiben. Wieder sehe ich den einsamen Beobachter auf dem Pferdskopf tiefer und tiefer sinken und stehe still und ruhig wie ein großer vorsintflutlicher Vogel über ihm, drehe wieder die Kurve, fliege wieder auf die unten stehende Menge los, sehe schnell das Kuppenmassiv auf mich zukommen, lege die Maschine etwas schief und bin wieder über der Startstelle.

›Wie lange fliege ich schon?‹ schreie ich hinunter. Man hört mich! . . . Unten wird es still. Noch einmal rufe ich. Dann schreien hunderte Stimmen von unten durcheinander, und ich verstehe nichts. Ich sehe auf die Uhr und schätze, aber das bringt keine Gewissheit. So geht das Spiel weiter.

Zum vierten Male nimmt der Segler Kurs auf den Startpunkt. Da sehe ich etwas Seltsames. An der Startstelle liegt auf dem Boden eine riesengroße ›18‹. Eine glänzende Idee! ! . . . Begeisterte Menschen haben mit ihren Körpern auf dem Boden die Zahl ausgelegt. Eine Zahl, die lebt, die gestikuliert, die wild durcheinander schreit.

Für mich war dieser Augenblick der drahtlosen Verständigung mit der Erde über die Flugzeit einer der schönsten des ganzen Fluges. Jetzt wusste ich, 18 Minuten war ich in der Luft. Zum fünften Male komme ich zurück.

Tief, sehr tief.

Blitzschnell kommen und gehen Gedanken ! ! . . . Was ist los? . . . Hat der Wind nachgelassen? . . . Fliegst du falsch? . . . Hat der Wind gedreht? . . . Ich kämpfe gegen den Gedanken, nachdem ich die verlangten 40 Minuten Flugzeit schon sicher wähnte, den Flug durch Nachlassen des Windes abbrechen zu müssen. Mit allen möglichen Mitteln versuche ich die Maschine wieder hochzubringen. Vergeblich. . . . In etwa 25 Metern Höhe überfliege ich den Start. Am Boden liegt die lebende ›24‹. Ohrenbetäubender Lärm . . . Bravorufe . . . Hurra . . . Fragen, von denen ich nur Bruchteile verstehe.

Ich schreie hinunter: ›Ich kann nicht durchhalten, der Wind lässt nach.‹

Ruhe unten.

›Wie stark ist unten noch der Wind?‹

Eine einzige Stimme ruft scharf und deutlich 3.

›Wind hat stark nachgelassen, 0 bis 4 Meter-Sekunden.‹

Also werde ich aufgeben müssen . . . Ein unangenehmes Gefühl, so dicht am Ziel die Illusionen zusammenbrechen zu sehen. Ganz ruhig halte ich sämtliche Steuerorgane, die Nerven scharf angespannt, um auf irgendeine Weise Strömungen zu fassen, die mich wieder heben können. Ich stelle die Maschine etwas schräg, um

Der Vampyr im Überflug, 1922.

die Sicht auf den Startpunkt etwas frei zu bekommen. Mit Schrecken und Bitterkeit sehe ich, dass die Maschine schon fast tiefer liegt als der Startpunkt. Ich blicke ins Land hinaus . . . ruhig . . . stumm . . . apathisch. Ich hätte weinen mögen. Die Träume vom Erfolg versinken ins Nichts.

Leere . . . Stille . . . Plötzlich ein Ruck in der Maschine und wie ein Fahrstuhl fühle ich mich gehoben. Eine starke Bö hat die Maschine gefasst und wirft sie hoch, höher, immer höher. Links der Pferdskopf sinkt tiefer.

Plötzlich verspüre ich starken Wind, das Steigen wird stetiger, die Böen treffen die Maschine Schlag auf Schlag.

Freude und neuer Mut wacht in mir auf. Scharf und blitzschnell pariere ich und versuche den Böen so viel an Energie zu entreißen wie irgend möglich. Wieder stehe ich hoch oben über dem Pferdskopf, wende langsam und mache oben über der Wasserkuppe die Kurve, und in großer Höhe überrunde ich zum sechsten Male, von lautem Jubel begrüßt, das Ziel. Deutlich merke ich, dass in dieser Höhe ein starker und fast gleichmäßiger Wind weht. Ruhig kann der große Vogel seine Bahnen weiterziehen.

Allmählich lässt die Nervenspannung nach, nur auf einen Augenblick warte ich noch, auf die 40. Minute. Im Westen sinkt die Sonne tiefer, Dunst hüllt das Tal ein. Am gegenüberliegenden Eubeberge sehe ich ein Bussardpaar in meiner Höhe still und ruhig Kreise ziehen. Zum neunten Male wende ich über dem Pferdskopf und sehe aus der Ferne die lebende Zahl, höre schon jetzt das Rufen der unten harrenden Menge. Näher komme ich, lauter wird das Rufen, ›40‹ heißt die lebende Zahl! . . .

Das Ziel ist erreicht, der Wurf gelungen. Senkrecht unter mir liegt Zahl und Start. Ein befreiendes ›Hurra!‹ entringt sich meiner Kehle, das vielhundertstimmig von unten erwidert wird. Ich schreie, um mich verständlich zu machen. Einen Moment Stille unten, und klar schaut es oben aus der Luft: ›Jetzt gehe ich ins Tal und fliege nach Gersfeld!‹

Ein verworrenes Durcheinanderrufen, bis eine Stimme sich Gehör verschafft und es klar nach oben herauf schallt: ›Fliegen Sie nicht nach Gersfeld, die Strecke ist zu kurz!‹

Noch eine volle Ehrenrunde fliege ich über dem Ziel und lasse dann den Segler querab bis hoch über den Pferdskopf treiben. Einen Moment überlege ich, sehe Gersfeld unten im Tale liegen, sehe im Westen im Dunst die Sonne tiefer sinken und wende dann die Maschine der sinkenden Sonne entgegen. Ruhig lehne ich mich in den Haltegurt zurück, still liegt die Hand am Steuer und langsam geht die Reise talwärts. Nach einer Weile wende ich den Kopf zurück und sehe hinter mir scharf umrissen gegen den abendlichen Himmel das Massiv der Wasserkuppe. Unter mir zieht tief das Dorf Poppenhausen vorbei. Hunde kläffen, Hühner flüchten in die Ställe, Menschen schauen herauf und rufen . . . rufen.

Links von mir liegt die Ebersburg. Langsam wende ich die Maschine und nähere mich mehr und mehr den geborstenen Türmen der Burgruine, die, überstrahlt von der untergehenden Sonne, an graue deutsche Vorzeit erinnert. Seltsame Gedanken . . . Der Traum des Menschen . . . Der geräuschlose fliegende Mensch zieht über den Trümmern der Vorzeit dahin . . . Ich habe annähernd die Höhe der Burg und sehe in den dunklen Burghof hinunter, in den die Reste der Mauern und Türme dunkle Schatten werfen . . . Über 50 Minuten muss ich in der Luft sein. Da durchzuckt mich der Gedanke: ›Die Stunde muss voll werden!‹

Ich vermeide jede unnütze Steuerbewegung, um die Höhe, die ich noch habe, Zoll für Zoll langsam zu opfern. Rechts unter mir sehe ich den Landeplatz von Hentzen* aus den Vortagen vorbeiziehen, etwa 300 Meter bin ich noch darüber und gleite ruhig talwärts . . . Aus dem Dunst hebt sich ein weißer Kirchturm ab, Umrisse von Häusern werden sichtbar. Das muss Weyhers sein, halbrechts vor mir liegt es. Ich sehe auf die Uhr. ›Hurra!‹, die Stunde ist überschritten, um wie viel . . . ich weiß es nicht.

Ich schätze meine Höhe auf etwa 150 Meter und entschließe mich zur Landung. Einige hundert Meter vor mir eine große Wiese, dahinter tief eingeschnitten ein Bach, an dem lustig eine Wassermühle klappert. Scharf gebe ich Tiefensteuer. [. . .] bis dicht über den Boden, rase über ein Kornfeld, komme mit großer Geschwindigkeit auf die Wiese, die ich zum Landen ausgesucht habe und schwebe . . . schwebe. Langsam verliert sich die Fahrt, näher kommt der Bach. Scharf über der Erde werfe ich die Maschine auf den linken Flügel, der den Boden fasst, ein Ende schleift, dann fällt der große Vogel müde auf seine Bälle. Ein kurzes Holpern, eine scharfe Linksdrehung und dicht vor einem Kornfeld bleibt der weiße Vogel reglos liegen. Einen Moment sitze ich noch in der Maschine. Kurz zieht das Erlebnis des Fluges an mir vorbei, dann reiße ich den Windschutz auf und werde jubelnd von Dorfbewohnern empfangen, die das große Untier von der Wasserkuppe staunend und mit ungläubigen Augen mustern.

*Friedrich Hentzen: Ebenfalls Maschinenbaustudent und Mitkonstrukteur der »Vampyr«.

Töchter des Himmels
Von der weiblichen Lust aufzusteigen

Mut, Stärke und Tapferkeit galten als typische Charakteristika von Piloten - und wenn es anfangs auch schwerfiel, es einzugestehen, nicht weniger von Pilotinnen. Viele Frauen waren vom Fliegen so fasziniert, dass sie selbst in die Lüfte stiegen. Die erste war die französische Opernsängerin Élisabeth Thible, die 1794 in Lyon vor den Augen des schwedischen Königs Gustav III. in einem Heißluftballon der Gebrüder Montgolfier aufstieg und dabei als Minerva verkleidet Arien gesungen haben soll. Nach dem Flug schrieb sie: »Welche Lust, diese Erde zu verlassen, die von Neid und Eigennutz verzehrt wird. Welches Vergnügen, sich in die Gegenden des Himmels zu erheben, in denen majestätisches Schweigen und ewiger Frieden herrschen. Wie leicht ist es, in dieser Stille die armselige Erde zu vergessen.«[20]

Als erste professionelle Luftschifferin wurde Sophie Blanchard von Napoleon zur kaiserlichen Aeronautin ernannt. Um ihren Lebensunterhalt zu verdienen, stieg Sophie mit dem Ballon bei größeren Anlässen auf und manchmal führte sie artistische Kunststücke auf einer Schaukel unter dem Ballon vor. Diesen beherzten Damen folgten die noch wagemutigeren Fallschirmspringerinnen, allen voran Elise Garnerin, die 1814 über Paris absprang, trotz der Warnung, »bei solch gewagten Sprüngen könnte der Druck der Luft den zarten Organen eines jungen Mädchens gefährlich werden«.[21] In Deutschland wurde Käthe Paulus um 1900 zur Berühmtheit. Unter dem Künstlernamen Miss Polly führte sie insgesamt 516 Ballonfahrten und 145 Fallschirmsprünge durch und erfand als gelernte Näherin die Verpackung des Fallschirms, das sogenannte Fallschirmpaket.

1909 bastelte sich Lilian Bland, die Enkelin des Bischofs von Belfast, eine eigene Maschine, die auch tatsächlich flog. Sie bestand aus dampfbehandeltem Eschenholz, Klavierdrähten, Fahrradpedalen und speziell präpariertem Baumwollgewebe. Als ersten provisorischen Treibstofftank verwendete Lilian eine Whiskyflasche und eine Ohrtrompete.[22]

Ein Jahr darauf, am 8. März 1910, erwarb die französische Schauspielerin Élise Deroche als erste Frau der Welt nach 35 Männern einen Flugschein. Zugleich war sie auch die erste Frau, die einen Alleinflug unternahm. Fliegen, sagte sie, sei ein idealer Sport für Frauen. »Man benötigt dazu weniger physische Kraft als vielmehr körperliches und geistiges Reaktionsvermögen.«[23] Vier weitere Pilotinnen bestanden noch im gleichen Jahr die Flugprüfung in Frankreich. Die erste Deutsche war 1911 Melli Beese, eine Bildhauerin aus Dresden. Drei Fluglehrer ließen sie abblitzen, und der vierte, der sie annahm, glaubte auch nicht, »dass auf den heutigen Flugzeugen die Frauen etwas Großes leisten werden. Es ist vielleicht für den Flugplatz sehr viel wert, etwas Derartiges zu besitzen, da das Publikum durch solche Frauen immerhin unterhalten wird.«[24]

Die Frauen ließen sich dennoch nicht schrecken. Frauen nahmen an Wettbewerben teil, gewannen Preise, flogen Rekorde. Mitte der 20er Jahre wurde der Widerstand immer massiver. 1924 entschied die *International Commission for Civil Aviation*, dass «Frauen von jeglicher Tätigkeit als Besatzungsmitglied eines im öffentlichen Transportwesen eingesetzten Flugzeuges ausgeschlossen sind.«[25] Diese Regelung ließ man zwar später fallen, trotzdem wurde es Frauen in allen Ländern schwer gemacht, einen Pilotenschein zu erwerben. Wettbewerbe wurden bisweilen sogar durch Sabotage boykottiert. So der 1929 von der Presse verächtlich als *Powder-Puff-Derby* (Puderquasten-Rennen) bezeichnete Wettflug von Santa Monica, Kalifornien

August 1929 vor dem Start des ersten «Powder Puff Derby». V.l.n.r: Louise Thaden, Bobbie Trout, Patty Willis, Marvel Crosson, Blanche Noyes, Vera Dawn Walker, Amelia Earhart, Marjorie Crawford, Ruth Elder und Florence Lowe Barnes.

nach Cleveland, Ohio.

Es kam zu mysteriösen Unglücksfällen, die teilweise nie aufgeklärt wurden. Die Deutsche Thea Rasche wurde kurz vor dem Start vor Sabotage gewarnt, musste notlanden und stellte fest, dass ihr Benzintank mit Sand verunreinigt war. Die Amerikanerin Blanche Noyes entdeckte in 1000 Meter Höhe einen Brand in ihrem Gepäckraum. Sie landete, löschte die Flamme mit Sand und flog weiter. Besonders tragisch endete der Wettbewerb für die Kalifornierin Marvel Crosson, die beim Absturz in der Wüste Arizonas ihr Leben verlor.[26] Unwetter, Fehler der Organisation, Krankheiten und Pannen, die enormen Schwierigkeiten dieser 4500 km langen Rennstrecke, wo die Frauen sich 9 Tage lang immer wieder gegenseitig bei Reparaturen und technischen Problemen unterstützten, hatte sie zusammengeschweißt. Unmittelbar nach dem Rennen trafen sie sich und gründeten eine eigene Pilotinnenorganisation, die *Ninety-Nines*.

Durch strahlend weiße Täler
Amelia Earhart: Flugpionierin, Poetin, Feministin

Flugzeuge *»waren stark, reich an Kurven, männlich und weiblich zugleich, einfaches, geradezu altmodisches mechanisches Spielzeug - und Gefäße, die die Zukunft in sich trugen. Kaum erblickte man ein Flugzeug, geriet man ins Träumen. Es war schon aufregend, überhaupt eines zu Gesicht zu bekommen. In Los Angeles fuhren wir in heißen Nächten oft zum Flugplatz hinaus und schauten den Militärpiloten beim Training zu. Sie übten immer nur Starten und Landen. Wir fuhren hinaus, um der Hitze zu entrinnen und um zu träumen, auch wenn wir nicht schlafen konnten. In weiten Teilen der Welt gab es keine Flugzeuge. Damals, und das ist noch nicht lange her, hatten die meisten Menschen auf der Welt noch nie ein Flugzeug gesehen und waren erst recht nie in einem geflogen.«*[27] Diese Worte legte die New Yorker Autorin Jane Mendelsohn 1996 in ihrem Roman *Himmeltochter* der amerikanischen Fliegerin Amelia Earhart in den Mund. Earhart, die wohl berühmteste Fliegerin ihrer Zeit, gehörte zu den Hauptinitiatorinnen der *Ninety-Nines*.

1932 wagte sie ihr großes Abenteuer und überquerte als erste Frau im Alleinflug den Atlantik. Als ihr für die Leistung das *Distinguished Flying Cross* verliehen wurde, meinte sie in ihrer Dankesrede lakonisch: »Einige Aspekte des Fluges sind übertrieben dargestellt worden, fürchte ich. Es war viel spannender zu schreiben, ich sei mit den letzten Litern Treibstoff gelandet. Tatsächlich hatte ich noch über vierhundert. Und ich habe bei der Landung keine Kuh getötet - es sei denn, eine wäre vor Angst gestorben.«[28]

Amelia Earhart wurde häufig zu Interviews und Vorträgen eingeladen und nutzte diese, um »die Frauen aus dem Käfig ihres Geschlechts herauszuholen«. Sie betonte immer wieder, dass an Frauen keine anderen Maßstäbe angelegt werden sollten als an Männer, aber auch, dass Frauen »den Hinweis auf ihr Geschlecht schon viel zu lange als Ausflucht benutzt« hätten. Doch bei allem feministischen Engagement, bei allem Wettbewerbsgeist, Flugzeuge waren immer Vehikel für Träume. Fliegen hatte immer diesen magischen Aspekt. Das Erleben der Natur, unterschiedliche Wolkenfigurationen, schimmernde Horizonte, bizarre Landschaften, das Alleinsein mit den Sternen waren für Amelia bei all ihren Flügen stets ein beeindruckendes Erlebnis. Ihre Logbucheinträge waren oftmals voller Poesie und keineswegs reine Flugdatensammlungen. Der Reiz des Fliegens war für sie der Reiz der Schönheit, »das ist der Grund, warum Flieger fliegen, ob sie es wissen oder nicht, es ist der ästhetische Reiz des Fliegens.«[29]

Kurz vor ihrem 40. Geburtstag nahm sie sich vor, als erster Mensch die Erde am Äquator zu umrunden. Noch einmal alles geben, alles riskieren, mit einem letzten spektakulären Flug, der den Schlusspunkt unter ihre beispiellose Karriere setzen sollte. Das Umfliegen des Globus an sich war keine Sensation mehr, aber noch niemand hatte die Welt entlang des Äquators umflogen, alle Piloten hatten bisher stets die kürzeste Strecke gewählt, noch niemand hatte die Erde entlang ihrer größten geodätischen Ausdehnung umrundet, eine Strecke von über vierzigtausend Kilometer.

Am 30. Juni 1937 schreibt Amelia nach der Zwischenlandung in Lae, Papua-Neuguinea:

Nach einem Flug von 7 Stunden und 43 Minuten von Port Darwin, Australien, gegen Gegenwind wie gewohnt, ruht meine Electra nun an den Ufern des Pazifiks. Jenseits des Golfs von Huon erstrecken sich die Gewässer in die Ferne. Irgendwo hinter dem Horizont liegt Kalifornien. Bisher wurden 22.000

Amelia Earhart vor ihrer Electra im März 1937.

Meilen zurückgelegt. Es sind noch 7. 000 übrig. [...]

Auf halbem Weg nach Neuguinea ist das Meer mit seltsamen Inseln gesprenkelt, steinigen Fingern, die manchmal Hunderte von Fuß in den Himmel ragen.

Man hatte ihnen gesagt, dass die Wolken oft tief über dieser Region hingen, und es sei besser, die gefährlichen Minarette zu überklettern, als ihnen auszuweichen, wenn sie ihren Kurs nahe an der Erdoberfläche hielten. Auch ein Hochgebirge erstreckte sich über die Länge Neuguineas von Nordwesten nach Südosten. Port Moresby lag auf der näheren Seite, aber es war notwendig gewesen, die Wasserscheide zu überfliegen, um Lae zu erreichen, das im Flachland der Westküste liegt. Im Verlauf der Reise waren sie allmählich auf eine Höhe von über 11.000 Fuß gestiegen, um die tieferen Wolken zu überwinden.

Selbst hier thronten über uns Cumulus-Türme, Pilze erblühten auf wundersame Weise, durch die Lichter und Schatten der untergehenden Sonne in endlose Muster gegossen. Es war ein märchenhaftes Himmelsland, bevölkert von grotesken Wolkenwesen, die uns mit uralter Weisheit ansahen, während wir uns durch seine strahlend weißen Täler wanden.

Lae liegt aus der Vogelperspektive betrachtet in der Ecke eines großen Golfes an einem gewundenen Fluss. Auffällig entlang der Küste, die im flachen Wasser gebauten Hütten, länglich und strohgedeckt, unsicher auf den in den Schlamm getriebenen Pfählen sitzend. In den amphibischen Siedlungen schmiegen sich Gruppen von zwei oder drei der zigarrenartigen Häuser aneinander, teilen sich eine gemeinsame Plattform davor.

Am auffälligsten bei der Landung waren die einheimischen Männer mit Peroxid gebleichten Haaren, wobei das Braun ihrer Köpfe bis zu einem gewissen Grad auffällig war. Vielleicht bleichen auch die einheimischen Frauen, aber von ihnen sah ich wenig.

Amelias einzige Anschaffung in Lae neben Benzin: ein Wörterbuch in Pidgin-English für zwei Schilling. *Es war den Preis wert zu entdecken, dass alle einheimischen Frauen Maria heißen. [...] Die Eingeborenen haben für alles ihre eigenen Namen. Flugzeuge werden z. B. 'balus' oder 'bids' genannt. Kleine Flugzeuge verdienen nur 'bai nutung' oder 'Insekten'. Mein Flugzeug hat hier eine besondere Unterscheidung gegenüber anderen metallischen Flugzeugen, die gewellte Oberflächen haben. Die Lockheed ist glatt und gleicht den Dosen der Eingeborenen, in denen bestimmte Kekse aus England versendet werden. Daher ist es bekannt als die 'Keksdose' [...]*

Amelias Aufzeichnungen sprechen von der Anziehungskraft des allgegenwärtigen Dschungels, der sie unwillkürlich an die Geschichten erinnert, die ihr die Dokumentarfilmer Osa und Martin Johnson über ihre frühen Abenteuer in Neuguinea erzählten. *Das war, glaube ich, ihre erste gemeinsame Expedition, als das Hinterland der Insel voller Mysterien war, ganz zu schweigen von Kopfjägern, Pygmäen und praktizierenden Kannibalen. Wie die Wüste oder das Meer hat der wilde Dschungel eine seltsame Faszination. Ich wünschte, wir könnten hier friedlich einige Zeit bleiben und etwas von diesem fremden Land sehen.*[30]

In solchen Momenten dürfte Amelia die deutsche Pilotin Elly Beinhorn beneidet haben, eine echte Globetrotterin der Lüfte, die sich 1932 für ihre weit kürzere Weltumrundung fast acht Monate Zeit gelassen hatte. Dabei war sie weitgehend ihre eigene Managerin, flog immer der eignen Nase nach, Kompass war stets die eigene Intuition. Deshalb bevorzugte sie den Alleinflug. »Auf die Art herrschte unterwegs Friede und völlige Eintracht an Bord. Es gab keine verschiedenen Ansichten. Wie es mir notwendig erschien, so wurde es gemacht.«[31]

Bei Amelia lagen die Dinge anders. Ihr ehrgeiziger Ehemann, der Verleger George Putnam, wollte sie als Pilotin einem großen Publikum verkaufen, die Weltumrundung war straff organisiert, jeder ihrer Auftritte wohl inszeniert. Hinzu kam, dass sich für das gewagte Unternehmen schwer ein erfahrener Navigator hatte finden lassen, der für das Überwinden der riesigen Wasserstrecken unabdingbar war. Trotz warnender Stimmen hatte sie sich für Fred Noonan entschieden, einst einer der besten Navigatoren der Pan Am, doch er hatte ein Alkoholproblem.

Nachdem ein wolkenverhangener Himmel und starker Wind den geplanten Aufbruch von Lae verzögert haben, notiert Amelia resümierend und es scheint als schwingt eine vage Vorahnung mit: *Vor nicht viel mehr als einem Monat war ich auf der anderen Seite des Pazifiks und schaute nach Westen. Heute Abend schaute ich ostwärts über den Pazifik. In jenen schnell vergangenen Tagen, die dazwischen liegen, haben wir die ganze Welt hinter uns gelassen, mit Ausnahme dieses weiten Ozeans. Ich* *werde froh sein, wenn wir die Gefahren der Überquerung hinter uns haben.*[32] Nämlich mit 2550 Meilen die längste und heikelste Nonstopstrecke der Reise. Die Worte schrieb Amelia Earhart am 1. Juli 1937, einen Tag bevor sie mit Fred Noonan nach der winzigen Howland-Insel* aufbrach und für immer verscholl.

Sie flogen am nächsten Tag los. Die Electra schaukelte über den Rand der Klippe und war sekundenlang verschwunden. Dann stieg sie vom Wasser auf wie ein Phönix, verschwand aber gleich wieder im aschgrauen Dunst.

Hinter dem Dunst ist nichts als Himmel. Der Himmel ist ein Leib. Es ist der äußerste Himmel.

Ich fliege um die Welt. Ich fliege in meiner zweimotorigen Lockheed Electra irgendwo vor der Küste Neuguineas über den Pazifik, und ich weiß nicht, wo ich bin. Meine Augen und die Spiegelung meiner Augen auf der Windschutzscheibe halten die Sonne umfangen, und die Sonne brennt. Ich blinzle und greife mit der einen Hand direkt über meinen Kopf. Meine Finger ertasten eine Peilscheibe. Aus den Augenwinkeln erblicke ich flüchtig das Meer unter mir. Und während ich darüber nachdenke, dass dies womöglich mein letzter Tag ist, dass ich schwitze und Hunger habe, justiere ich die Scheibe und lasse den Arm sinken.
Das Meer ist dunkel. Es ist dunkler als der Himmel.

Jane Mendelsohn: Himmelstochter[33]

---

* Mit 3 km Länge und 1 km Breite die Stecknadel im Heuhaufen. Die winzige Insel zu erreichen, verlangte eine navigatorische Meisterleistung.

Wenn der Seele Flügel wachsen
Der Traum des Gustav Mesmer

Mancher Flieger hat niemals in einem Flugzeug gesessen, sich nicht einmal nennenswert über den Erdboden erhoben. Manchmal bleibt der Sehnsucht nach Freiheit als einziger Ausweg, sich mit dem Flug der Vögel zu identifizieren. In unserer Fantasie transzendieren wir die gewöhnliche Welt, heben ab und werden schwerelos. Wir bekommen Flügel. So erging es Gustav Mesmer, auch wenn ihm seine Sehnsucht zu fliegen die psychiatrischen Diagnosen *Infantile Schizophrenie* und *Erfinderwahn* einbrachten.

In Altshausen, einer kleinen schwäbischen Gemeinde, wird Mesmer am 16. Januar 1903 geboren, als sechstes von zwölf Geschwistern. Ein Familienfoto zeigt einen Heranwachsenden, offen und klar der Blick, deutlich der aufgewecktere neben den Brüdern. Doch Gustav mit dem eigenen stillen Wesen scheint am falschen Ort geboren zu sein. Durch den Ersten Weltkrieg entlässt man ihn schon mit zwölf aus der Schule. »Wo die Schule versagt«, schreibt er später, »geht das ganze Leben einen Nebenweg.« Durch ein paar unüberlegte Worte während der Konfirmationsfeier in der Dorfkirche wird er 1929 in die Psychiatrie eingeliefert. Seine Isolation soll insgesamt 35 Jahre dauern. Allein der Traum, aus eigener Kraft von Dorf zu Dorf fliegen zu können, hilft ihm über diese lange Zeit hinweg.

»Das ist kein Leben mehr«, schreibt er 1931 an seine Eltern, »habe lange für mein Predigen gebüßt, oder bin ich des Todes schuldig?« Doch an Heimkehr ist so schnell nicht zu denken und er fügt sich vorübergehend in sein Schicksal.

In der Anstalt wird er in der Buchbinderei beschäftigt und gilt als tüchtiger Arbeiter. Am 10. Oktober 1932 taucht folgende Notiz in seiner Krankenakte auf: »Hat eine Flugmaschine erfunden, gibt entsprechende Zeichnungen ab.«

Nach seinen Erzählungen hat Mesmer in der Schussenrieder Buchbinderei eine Illustrierte gelesen, in der über einen Österreicher und einen Franzosen berichtet wurde, die mit einem Fahrrad fliegen wollten. Das habe ihn inspiriert und nicht mehr losgelassen. Der Gedanke ans Fliegen beschäftigt Mesmer seitdem ununterbrochen. Er zeichnet und bastelt Flugmodelle in allen Variationen. »Ist guten Humors«, so ein Aktenvermerk, und: »zeichnet immer wieder neue Flugprojekte, über welche schon der Laie den Kopf schüttelt.«[34] Erst in hohem Alter wurden Mesmers komplizierten Flugapparate, konstruiert aus einfachstem Material: dünnem Blech, verrosteten Nägeln, Draht, auf der Weltausstellung in Sevilla gewürdigt.

Links: Gustav Mesmer mit dem Konstruktionsplan seiner »neusten Erfindungen«; doch erst nach seinem Tod bekommen die fast tausend Zeichnungen und Skizzen Raum und Luft zum Fliegen. Rechts: Flugobjekte aus der von seinem Nachlassverwalter Stefan Hartmaier liebevoll zusammengestellten Werkschau; eine Traumwelt voller Poesie, in der die Uhren anders gehen, ein Kosmos, in dem andere Gesetze und andere Regeln gelten.

Schwerelose Künstler
Die neue Freiheit der Moderne

Mesmer hat das Schicksal, als er es einmal angenommen hatte, eine ganz eigene Welt geschenkt. Einmal ist er in einem Hubschrauber mitgeflogen und den fand er grässlich laut. Andere Himmelsstürmer taten sich mit den Entwicklungen der Zeit schwerer. Die Sehnsucht zu fliegen verwandelte sich im 20. Jahrhundert radikal. Die wirtschaftlichen Interessen der Mächtigen beanspruchten das Fliegen immer mehr für sich. »Wie rasch hat das Fliegen, dieser uralte, kostbare Traum, jeden Reiz, jeden Sinn, seine Seele verloren«, klagt Elias Canetti. »So erfüllen sich die Träume, einer nach dem anderen zu Tode. Kannst du einen neuen Traum haben?«[35] Aber ja, unbedingt. Bezieht man den Traum vom Fliegen auf die materielle Sphäre, dann hat er mit zunehmender Technisierung sicher viel von seinem einstigen Zauber verloren, bezieht man ihn auf die geistige Sphäre, dann ist die alte Sehnsucht nach Schwerelosigkeit lebendiger denn je. Dies zeigt sich besonders in der um neue Ausdrucksformen ringenden Kunst der Moderne. »Das Immateriell-werden von Farbe und Form, die Aufhebung materieller Schwere verweisen auf den Ablösungsprozess von traditioneller Künstlersprache um 1910. Seit 1960 verändert ein neuer, zweiter Modernisierungs-Schub unsere Wirklichkeit und revoltiert das traditionelle Verständnis von Materie und Raum.«[36]

Nicht interessiert, *was* dargestellt ist, sondern *wie* es dargestellt ist, so Jeannot Simmen, Initiator der Ausstellung *Schwerelos* in Berlin, 1990. »Wie kann die für unsere Augen unsichtbare Schwere dargestellt werden? Schwerelosigkeit wird als Darstellungsproblem zum Inhalt. Im Verlust der Natur-Nachahmung findet moderne Kunst ihre Autonomie im Bildfeld. Im Auf-

Oben: Farben und Formen im Schwerelosen. Lyrische Komposition von Wassily Kandinsky, 1922. Unten: Der Kutscher fährt nicht, er fliegt vorbei an Marc Chagalls Häuschen in Witebsk. Radierung aus seiner Autobiografie »Mein Leben«, ca. 1922.

lösungsprozess der Ikonographie fliegender Götter wird Kunst radikal und löst sich auf in autonom gesetzte Farbe und Form, in aufgelöstes Volumen und immaterielle Masse. Material ist (neben Farbe und Form) dritte, heute aktuelle Position. Die höchste Auflösung von Materie ist Licht. Künstler sind Verwandler der Materie in Lichterscheinungen. Material ist durch Ausdehnung und Schwere definiert, Schwere ist eine unsichtbare Summe der Anziehungskräfte auf ein Ding. Die Schwere nehmen wir mit unserem Gleichgewichtsorgan, durch unseren sechsten Sinn wahr. Ein psychophysischer Prozess, der sich mit geschlossenen Augen erfahren lässt. Kunst wird spürbar erlebt, wenn das detektivistische 'Was ist dargestellt?' entfällt.«[37]

Wassiliy Kandinsky, der im Maler noch den Priester des Schönen sah und der um 1910 das erste abstrakte Bild gemalt haben soll, setzte 1911 mit seiner Schrift *Über das Geistige in der Kunst* wichtige Impulse für den freien Flug in der Malerei. Grundidee ist die Farbsymphonie durch Seelenvibration und inneren Klang. Daher versuchte er Bilder zu malen, wie man Musik komponiert. Ziel der Kunst ist die Farbharmonie und das Berühren der menschlichen Seele. Zu der Lektüre von Rudolf Steiners Buch *Die Stufen der höheren Erkenntnis* notierte er: »Das Schweben der Farben etc. 'ohne Grund und Boden' (= ohne physischen Gegenstand) ist die Offenbarung der Wesenheiten, die den Menschen stets umgeben. Beim Aufsteigen in die höheren (ds. imag.) Welten nimmt der Mensch wahr, welche Farben, Töne etc. ausströmen. Der Weg dazu ist Inspiration - Intuition.«[38]

Für zahlreiche Maler, darunter Robert Delaunay, Paul Klee, René Magritte, wurde das Schwerelose zum Thema. Einer der zauberhaftesten Flieger aber war Marc Chagall. Der 1887 in eine arme weißrussische Familie geborene Künstler schöpfte zeitlebens aus dem Unbewussten, die unzähligen archaischen

Flugmotive waren die Bilder seiner Träume. Sie gehören sicher zu den bekanntesten Flugdarstellungen der modernen Kunst. Chassidische Luftmenschen, schwebende Haustiere, Engel und Dämonen, Geiger und Liebende. Das Haus des Großvaters mit Tönen und Düften der Kunst angefüllt. »Im nächtlichen Dunkel schienen es mir nicht nur die Düfte zu sein, sondern eine ganze Herde des Glücks, die die Decke durchbrach und durch die Luft flog.«[39] Und die Tanten. Musja, Guttja, Chaja! »Beflügelt wie die Engel, flogen sie über den Markt, über die Körbe mit Beeren, Birnen und Äpfeln«, dass die Leute sich fragten: Wer fliegt denn da so?[40] Traumhaft taucht der Geige spielende Onkel auf. »Einerlei wie er spielt. Lächelnd versuche ich mich auf seiner Geige, springe in seine Taschen, auf seine Nase. Er brummt wie eine Fliege. Nur mein Kopf schwebt leise durchs Zimmer. Die Decke wird durchsichtig. Wolken und blaue Sterne dringen herein, zugleich mit dem Geruch von Äckern, Stall und Straßen.«[41] Und Onkel Juda, der immer auf dem Ofen hockt. Wenn er vor dem Fenster betet, steigt sein gelbes Gesicht über den Fensterrahmen, »geht auf die Straße, legt sich über die Kirchenkuppel.«[42] Innere Bilder, verborgen, wirbeln, schweben als Erinnerung. »Amen! Amen! Und sehe sie alle knien. ... Bald steigt das Kerzenlicht zum Monde empor, bald fliegt der Mond hernieder, auf unsere Arme zu. ...Von allen Seiten kommt der Himmel.«[43] Wildes Zeichnen in der Schule. Noch ohne zu wissen, warum. »Zeichnungen flogen über die Köpfe, trafen oft sogar den Lehrer.«[44] Als vermeintlich der Gendarm kommt, um ihn zum Regiment zu holen, versteckt er sich schnell unterm Bett, »bleibe lange dort liegen, still und glücklich. Ihr könnt euch nicht vorstellen, wie glücklich ich bin - ich weiß selbst nicht warum -, wenn ich flach unter einem Bett liege, auf einem Dach oder in irgendeinem Versteck … Ich versinke in Gedanken, fliege über die Welt hin.«[45] - Ja, das ist Glück.

Ausblicke von oben
Flieger im Astralen

Kein Medizinmann, kein Schamane hat je daran gezweifelt, dass Visionen und Träume unserer Alltagsrealität ebenbürtig sind. In seinem Buch *Die Reise nach Ixtlan* fragt der berühmte Anthropologe Carlos Castaneda den alten Zauberer der Yaqui-Indianer: »Dann glaubst du also, Don Juan, dass Träumen real ist?« »Natürlich ist es real.« »So real wie das, was wir jetzt tun?« »Wenn du Vergleiche anstellen willst, dann kann ich sagen, dass es vielleicht noch realer ist.«[46] In allen Kulturen haben Menschen die Erfahrung des Seelenflugs gemacht. Dabei steht die Empfindung des Fliegens in nichts einem realen Flug nach. Manchen sind die Gegebenheiten der geistigen Welt vertrauter als anderen. Für sie ist es eine Selbstverständlichkeit, durch die Wände zu gehen oder zu schweben. Der andere bleibt ehrfurchtsvoll stehen, weil er in der Wand ein undurchdringbares Hindernis sieht. Dabei sind wir alle Bewohner einer inneren Traumwelt. Hier können wir ferne Länder bereisen, haben Zugang zu phantastischen Landschaften, hier begegnen uns Lebende wie Verstorbene und manchmal Gestalten aus Mythen und Märchen. Analytische Psychologen haben diese fernen Regionen unseres Selbst »das Unbewusste« genannt. Die Seele, die Anima, schafft nach C. G. Jung die Beziehung zum Unbewussten. Und damit auch zur Kollektivität der Toten, »denn das Unbewusste entspricht dem mythischen Totenland, dem Lande der Ahnen.«[47] Jung selbst hatte Gelegenheit zu einer ausgesprochen interessanten Reise in diese Gegend.

Zu Beginn des Jahres 1944 brach er sich den Fuß, und es folgte ein Herzinfarkt. Im Zustand von Bewusstlosigkeit erlebte er Delirien und Visionen, die anfingen, als er in unmittelbarer Todesgefahr schwebte und man ihm Sauerstoff und Kampfer gab. »Die Bilder waren so gewaltig, dass ich selber schloss, ich sei dem Tode nahe. [...] Ich war an der äußersten Grenze und weiß nicht, befand ich mich in einem Traum oder in Ekstase. Jedenfalls begannen sich höchst eindrucksvolle Dinge für mich abzuspielen. Es schien mir, als befände ich mich hoch oben im Weltraum. Weit unter mir sah ich die Erdkugel in herrlich blaues Licht getaucht. Ich sah das tiefblaue Meer und die Kontinente. Tief unter meinen Füßen lag Ceylon, und vor mir lag der Subkontinent von Indien. Mein Blickfeld umfasste nicht die ganze Erde, aber ihre Kugelgestalt war deutlich erkennbar, und ihre Konturen schimmerten silbern durch das wunderbare blaue Licht. An manchen Stellen schien die Erdkugel farbig oder dunkelgrün gefleckt wie oxidiertes Silber. 'Links' lag in der Ferne eine weite Ausdehnung - die rotgelbe Wüste Arabiens. Es war, wie wenn dort das Silber der Erde eine rotgelbe Tönung angenommen hätte. Dann kam das Rote Meer, und ganz weit hinten, gleichsam 'links oben', konnte ich gerade noch einen Zipfel des Mittelmeers erblicken. Mein Blick war vor allem dorthin gerichtet. Alles andere erschien nur undeutlich. Zwar sah ich auch die Schneeberge des Himalaja, aber dort war es dunstig und wolkig. Nach 'rechts' blickte ich nicht. Ich wusste, dass ich im Begriff war, von der Erde wegzugehen. Später habe ich mich erkundigt, wie hoch im Raume man sich befinden müsse, um einen Blick von solcher Weite zu haben. Es sind etwa 1500 km! Der Anblick der Erde aus dieser Höhe war das Herrlichste und Zauberhafteste, was ich je erlebt hatte.«

Nach einer Weile des Schauens trat etwas Neues in sein Gesichtsfeld. In geringer Entfernung im Raum erblickte er einen gewaltigen dunklen Steinklotz, wie ein Meteorit. Ein Eingang führte ins Innere des Steines, in dem sich ein Tempel befand.

»Als ich mich den Stufen zum Eingang in den Felsen näherte,
geschah mir etwas Seltsames: Ich hatte das Gefühl, als ob alles
Bisherige von mir abgestreift würde. Alles, was ich meinte, was
ich wünschte oder dachte, die ganze Phantasmagorie irdischen
Daseins fiel von mir ab, oder wurde mir geraubt - ein äußerst
schmerzlicher Prozess. Aber etwas blieb; denn es war, als ob ich
alles, was ich je gelebt oder getan hätte, alles, was um mich
geschehen war, nun bei mir hätte. Ich könnte auch sagen: Es
war bei mir, und das war Ich. Ich bestand sozusagen daraus. Ich
bestand aus meiner Geschichte und hatte durchaus das Gefühl,
das sei nun Ich. 'Ich bin dieses Bündel von Vollbrachtem und
Gewesenem.' - Dieses Erlebnis brachte mir das Gefühl äußerster
Armut, aber zugleich großer Befriedigung. Es gab nichts mehr,
das ich verlangte oder wünschte, sondern ich bestand sozusagen
objektiv: Ich war das, was ich gelebt hatte. […] Noch etwas
anderes beschäftigte mich: Ich hatte, während ich mich dem
Tempel näherte, die Gewissheit, dass ich in einen erhellten
Raum kommen und alle diejenigen Menschen antreffen würde,
zu denen ich in Wirklichkeit gehöre. Dort würde ich - auch das
war Gewissheit - endlich verstehen, in was für einen geschicht-
lichen Zusammenhang ich oder mein Leben gehörte. Ich würde
wissen, was vor mir war, warum ich geworden bin, und wohin
mein Leben weiterfließen würde.« Die Vision wurde durch den
behandelnden Arzt unterbrochen, der Jung wieder ins Leben
zurückbrachte. Ein Zurückholen, das wie bei so vielen Rück-
kehrern mit Widerstand und Gefühlen der Enttäuschung erlebt
wurde. »Das Leben und die ganze Welt kamen mir wie ein
Gefängnis vor, und ich ärgerte mich maßlos darüber, dass ich
das wieder in Ordnung finden würde. Da war man froh gewesen,
dass endlich alles von einem abgefallen war, und nun war es
wieder so, wie wenn ich - so wie alle anderen Menschen - an
Fäden aufgehängt wäre in einem Kistchen drin.«[48]

Drei Grazien schweben durch den »Traum« von Pierre Puvis de Chavannes, 1883.

Die meisten Menschen erleben einen Seelenflug während einer Krankheit oder einer Grenzerfahrung, andere können ihn nach Belieben praktizieren. Kräuterkundige Frauen behalfen sich von jeher der Flugsalbe. Schon im antiken Griechenland salbte sich Hera mit Ambrosia ein, um »über die obersten Gipfel und nie die Erde berührend« zu Zeus auf den Idaberg zu eilen.[49] Der römische Schriftsteller Apuleius berichtet in seinem Roman *Metamorphosen* von den magischen Fähigkeiten der Hexen aus Thessalien, die ihre eigene Gestalt wandeln und »ausfahren«, sprich fliegen konnten. Vorher zog die Hexe Pamphile sich nackt aus, nahm eine Büchse mit Salbe zur Hand, um sich damit von Kopf bis Fuß einzureiben.[50] Ganz anderer Natur freilich ist die Levitas, »die Leichte«. Auch wenn der naturwissenschaftliche Nachweis noch aussteht, Berichte über die Fähigkeit des Aufsteigens vom Boden und des Schwebens über demselben gibt es in annähernd jeder Kultur. Über 230 Heiligen wird diese Gabe zugesprochen. Auch der heilige Filippo Romulo Neri (1515 - 1595), Goethes Lieblingsheiliger auf seiner Italienischen Reise, soll die Begabung der Levitation besessen haben und wurde zum Vorbild des *Pater ecstaticus* im Faust II.[51]

Fliegende Lamas
Die Berichte der Alexandra David-Néel

In Tibet kennt man viele Geschichten über sogenannte Lung-gom-pas. Diese Menschen können ohne Ruhepausen einzulegen außerordentlich schnell große Entfernungen zurücklegen, man glaubt sie durch die Luft schweben zu sehen. Die französische Orientalistin Alexandra David-Néel konnte Anfang des 20. Jahrhunderts das Vertrauen der Lamas erringen und gewann gewisse Einblicke in deren Geheimlehren. Wer den Ehrgeiz habe, die Schwere aufzuheben, müsse sich für lange Zeit (traditionell 3 Jahre, 3 Monate und 3 Tage) in strengster Abgeschlossenheit und in völliger Dunkelheit durch besondere Atem- und Leibesübungen vorbereiten. »Es geht dabei folgendermaßen zu: Der Betreffende sitzt mit gekreuzten Beinen auf einem dicken, breiten Kissen und atmet die Luft so langsam und anhaltend ein, als ob er sich aufblasen wollte. Darauf hält er den Atem an und muss nun - immer noch mit gekreuzten Beinen und ohne sich dabei auf seine Hände zu stützen - in die Höhe springen und sich wieder zurückfallen lassen, darf dabei aber nicht die Stellung wechseln.«[52] Die Tibeter glauben, dass jemand, der das jahrelang fleißig betreibt, sich am Ende auf eine Kornähre setzen kann, ohne dass der Halm sich im mindesten biegt, oder dass, wenn er sich oben auf einen Haufen Gerstenkörner stellt, auch nicht ein einziges deshalb verschoben wird.

Alexandra David-Néel selbst hatte auf ihren abenteuerlichen Wanderungen einige Begegnungen mit Lung-gom-pas. Die erste fand im Norden Tibets, in der Graswüste, statt. »Es war am späten Nachmittag, als wir langsam eine weite Hochebene entlangtrabten. Plötzlich sah ich, ein wenig links von uns, noch sehr weit entfernt, ein winziges schwarzes Fleckchen, in dem ich mit Hilfe meines Fernglases einen Menschen erkannte. Das überraschte mich, denn Begegnungen sind hier eine Seltenheit. Wir hatten seit zehn Tagen kein menschliches Wesen zu Gesicht bekommen. Einsame Fußgänger wagten sich kaum bis in diese unendlichen Einöden vor. Was für ein Reisender mochte es sein? […] Je länger ich ihn mit dem Fernglas beobachtete, desto mehr fiel mir sein sonderbarer Gang auf, und dass er ungewöhnlich rasch vorwärtskam. Auch meine Leute, obwohl sie mit bloßem Auge ihn nur als schwarzen Punkt sehen konnten, der sich im Grase weiterbewegte, hatten bald herausbekommen, dass dieser Punkt seinen Ort seltsam rasch veränderte. Ich reichte ihnen mein Glas, und nachdem der eine von ihnen es ein paar Minuten lang benutzt hatte, murmelte er: ›Lama Lung-gom-pa-tschig-da‹ (vermutlich ein Lung-gom-pa).

Ich horchte hoch auf. […] Was sollte ich tun, wenn es wirklich ein Lung-gom-pa war? Ich hatte gar viele Wünsche, wollte ihn gern in der Nähe beobachten, mit ihm plaudern, ihn ausfragen und endlich auch fotografieren, also gar nicht wenig. Aber kaum fing ich mit dieser Aufzählung an, da unterbrach mich schon der Diener, […]: ›Ehrwürdige Dame, Sie werden doch den Lama weder anhalten noch anreden, nicht wahr? Das wäre nämlich sein sicherer Tod. Diese Lamas dürfen, wenn sie reisen, keinen Augenblick ihre Betrachtungen unterbrechen. Der Gott, den sie im Inneren tragen, entweicht, sobald sie mit der Wiederholung der Zauberformeln aussetzen. Und wenn er sie zur unrechten Zeit verlässt, schüttelt er sie so heftig, dass sie davon sterben.‹

Das klang freilich in dieser Form geäußert, verrückt genug, aber ganz überhören durfte ich es doch nicht. Soweit ich die Technik des Verfahrens kannte, musste sich der Mann während seines Marsches im Trancezustand befinden. Folglich konnte er, wenn auch nicht gerade sterben, doch immerhin eine schmerzhafte Nervenerschütterung davontragen, falls ich unvermittelt diesem sonderbaren Zustand ein Ende machte. Wie weit das gefährlich

Li.: Tibetischer Lung-gom-pa auf einer traditionellen Zeichnung, dessen Füße in der Laufbewegung die Erde nicht mehr berühren. Re.: Ähnlich wissen auch chinesische Shaolin-Mönche heute noch durch Geistesübung die Schwerkraft nahezu aufzuheben.

werden konnte, ahnte ich nicht und scheute deshalb davor zurück, mit dem Lama einen möglicherweise grausamen Versuch anzustellen, dessen Folgen ich nicht ermessen konnte. […] Ich musste also wieder einmal meine Wissbegierde unterdrücken und mich mit dem Anblick des wunderlichen Reisenden begnügen. Er war nun nicht mehr weit von uns entfernt. Ich konnte deutlich sein unbewegliches Gesicht und seine weit aufgerissenen Augen unterscheiden, mit denen er fest auf irgendeinen hoch in der leeren Luft befindlichen Punkt zu blicken schien. Der Lama lief nicht. Er hob sich scheinbar bei jedem Schritt von der Erde und flog wie eine elastische Kugel sprungweise in die Höhe. […] Meine Diener waren abgestiegen und warfen sich, das Gesicht zur Erde gewendet, platt auf den Boden, als der Lama an uns vorbeikam; aber er setzte seinen Weg fort, anscheinend ganz ohne uns zu bemerken.«[53]

Später berichteten ihr Leute, die tiefer in die Geheimwissenschaften eingedrungen waren, dass wenn der Lung-gom-pa schon eine gewisse Entfernung zurückgelegt hat, seine Füße den Boden tatsächlich nicht mehr berühren und er mit fabelhafter Schnelligkeit durch den Raum dahingleitet.[54]

Der Seelenflug des Medizinmanns
Über den Atlantik auf einer Wolke

Eine große Vision hatte etwa zur gleichen Zeit der angehende Medizinmann Black Elk (1863-1950), nämlich den Lakota-Indianern mit aller Macht zu helfen, sich gegen die zunehmende Bedrohung weißer Siedler zu wehren. Dazu musste er die Welt der Weißen, deren Denken besser kennen. Der innige Wunsch, seinem Volk ein würdiger Führer zu sein, hatte ihn 1887 mit einer Wild West-Show bis nach Europa geleitet. Einmal überfiel ihn das Heimweh so sehr, dass er über Zeit und Raum hinweg zurück nach Hause flog.

Die Schaustellung trug den Namen Mexican Joe. Es war eine kleine Truppe, doch sie gaben uns für jeden Tag einen Dollar. Nachdem wir eine Zeitlang in London aufgetreten, brachte Mexican Joe uns nach Paris, und hier blieb unsere Schaustellung sehr lange. Da war ein Uaschitschun-Mädchen, das sehr oft zu uns kam. Es hatte mich gern und nahm mich nach Hause mit, zu Vater und Mutter; sie alle hatten mich gern und waren gut zu mir. Ich konnte ihre Sprache nicht sprechen, so machte ich Zeichen, und das Mädchen lernte einige Lakota-Wörter. Von Paris zogen wir nach Deutschland und von dort an einen Ort, wo die Erde brannte. Da war ein großer Hügel, oben gestaltet wie ein Tipi, und da oben brannte er. Ich hörte, dass vor langer Zeit eine große Stadt und viele Menschen hier in der Erde verschwunden seien. Unter meinem Heimweh litt ich immer mehr, denn es war nun zwei Winter her, seit ich mein Land verlassen hatte. Ich konnte an nichts anderes mehr denken, und das machte mich mit der Zeit wirklich krank; aber ich dachte, ich sollte noch solange bei der Schautruppe bleiben, bis ich Geld genug hätte, um heimzukehren.

Mexican Joe brachte uns nach Paris zurück, doch konnte ich bei der Schaustellung nicht mitwirken, weil ich zu krank war. Das Mädchen, von dem ich euch erzählte, nahm mich in sein Haus zu seinem Vater und seiner Mutter, und sie machten mich wieder gesund. Dann eines Morgens, ging ich für kurze Zeit nach Hause:

An jenem Morgen trug ich Uaschitschun-Kleider und Schuhe; nichts fehlte dabei. Der einzige Unterschied lag darin, dass ich langes Haar hatte, das ungeflochten offen über meine Schultern hing. Ich fühlte mich wohl, und wir hatten uns eben zu unserer ersten Mahlzeit niedergelassen. Dieser mein weiblicher Freund hatte sich neben mich gesetzt, und ihre Mutter und ihr Vater und zwei Schwestern hatten auch Platz genommen.

Als wir so dasaßen, blickte ich zur Decke auf, und sie schien sich zu bewegen. Das Haus drehte sich oben und streckte sich während des Drehens in die Höhe. Ich sah, wie wir alle mit dem ganzen Haus sehr schnell in die Höhe stiegen, und es sich während des Steigens rundum drehte. Dann kam eine Wolke auf uns herab, während wir aufstiegen, und plötzlich stand ich auf dieser Wolke. Die andern Leute und das Haus fielen unter mir zurück und von mir weg.

Und dann war ich allein auf dieser Wolke, und sie bewegte sich sehr geschwind. Ich hielt mich an ihr fest, denn ich fürchtete, hinabzustürzen. Weit unten sah ich Häuser und Städte, grünes Land und Ströme, und alles sah ganz flach aus. Danach war ich gerade über dem großen Wasser. Jetzt fürchtete ich mich nicht mehr, denn nun wusste ich, dass ich heimwärts ging.

Es war dunkel, dann wurde es wieder licht, und dann konnte ich eine große Stadt unter mir sehen. Da wusste ich, es war jene, wo ich zuerst das große Feuerboot bestiegen und dass ich wieder in meinem eigen Land war. Ich fühlte mich sehr glücklich. Die Wolke und ich trieben stetig und in großer Eile weiter. Ich sah Städte und Ströme und Städte und grünes Land; da fing ich an, das Land unter mir zu erkennen: den Missouri River, dann weiter in der Ferne die Black Hills und die Mitte der Welt, zu der die Geister in meinem großen Gesichte mich entführt hatten. Als ich nun gerade über Pine Ridge war und die Wolke stehenblieb, schaute ich hinab und konnte nicht begreifen, was ich sah, denn es schien mir, nahezu alle Leute der verschiedenen Stämme meines Volkes seien dort in einem großen Lager versammelt. Ich sah das Tipi meines Vaters und meiner Mutter; sie waren im Freien, meine Mutter kochte. Ich wollte hinabspringen und bei ihnen sein, doch ich fürchtete zu Tode zu stürzen. Wie ich so hinabschaute, blickte meine Mutter herauf, und ich war ganz gewiss, dass sie mich sah. Doch eben jetzt begann die Wolke sich zurückzubewegen, sehr schnell. Ich war traurig, aber ich konnte nicht hinab. Unter mir schwanden Ströme und grünes Land und Städte rasch zurück. Bald flogen die Wolke und ich wieder über die sehr große Stadt. Und dann war nichts als Wasser und ich, und die sternlose Nacht kam; so war ich ganz allein in einer schwarzen Welt und weinte. Doch nach einiger Zeit begann in der Ferne über mir sich Licht zu zeigen. Darauf sah ich Erde unter mir; Städte und grünes Land und Häuser, und alles floh zurück. Bald hielt die Wolke an über einer großen Stadt, und ein Haus fing an zu mir heraufzufahren und drehte sich während seines Aufstiegs um und um. Als ich die Wolke berührte, nahm es mich in sich und begann zurückzusinken. Und es drehte sich mit mir um und um.

Ich berührte den Boden, und da vernahm ich des Mädchens Stimme und hierauf andere Stimmen erschreckter Leute. Dann lag ich auf dem Rücken im Bett, und das Mädchen und sein

Vater und seine Mutter und seine Schwestern und ein Arzt schauten mich an mit einem Ausdruck, als wären sie entsetzt. Der Englisch-Kundige von unserer Schautruppe kam und erzählte mir, wie sich alles zugetragen. Ich sei beim Frühstück gesessen; da, sagten sie, habe ich in die Höhe geblickt und gelächelt und sei dann wie tot von meinem Stuhl gefallen. Drei Tage habe ich so leblos dagelegen, nur ein einziges Mal hätte ich ganz wenig geatmet. Oft konnten sie mein Herz überhaupt nicht fühlen. Sie waren überzeugt, dass ich wirklich bald tot sein werde, und sie dachten bereits daran, für mich einen Sarg zu kaufen. […] Ich erzählte den Leuten nicht, wo ich gewesen war; denn ich begriff sehr wohl, dass sie meinen Worten nicht Gauben schenken könnten.«

Bald darauf schenkte ihm ein alter Freund aus dem Kreis der Schausteller eine Fahrkarte und neunzig Dollar für die Heim-kehr. Daheim angekommen, erkannte er jedes Ding ganz so, wie er es auf seinem Flug gesehen hatte. »Meiner Mutter Tipi stand gerade dort, wo ich es gesehen, als ich von der Wolke niederschaute, und auch andere Leute hatten ihre Wohnstatt genau dort, wo ich sie erblickt hatte. Meine Eltern waren voller Freude, mich zu sehen, und meine Mutter weinte vor Glück. Auch ich weinte. Man musste wohl annehmen, dass ich nun ein Mann sei, gleichwohl kamen mir die Tränen. Meine Mutter berichtete mir, sie habe in einer Nacht geträumt, ich sei auf einer Wolke zurückgekehrt, habe aber nicht bleiben können. Da erzählte ich ihr von meinem Gesicht.«

Authentische Aufzeichnung des Indianer-Forschers John Neihardt.[55]

Literatur

Aaron, Nikolaj: *Marc Chagall*, Reinbek bei Hamburg 2012

Aeckerle, Susanne (Hrsg.): *Am liebsten in der Luft*, München 2000

Archive For Research in Archetypical Symbolism: *Das Buch der Symbole*, Köln 2011

Behringer, Wolfgang; Ott-Koptschalijski, Constance: *Der Traum vom Fliegen zwischen Mythos und Technik*, Frankfurt a. M. 1991

Beinhorn, Elly: *Alleinflug. Mein Leben*, München 2008

Castaneda, Carlos: *Reise nach Ixtlan*, Frankfurt a. M. 2003

Chagall, Marc: *Mein Leben*, Stuttgart 1959

David-Néel, Alexandra: *Magier und Heilige in Tibet*, München 2005

Earhart, Amelia: *Last Flight*, New York 1937

Jung, C. G.: *Erinnerungen, Gedanken, Träume*, Düsseldorf 2009

Klein, Stefan: *Da Vincis Vermächtnis*, Frankfurt a. M. 2014

Lilienthal, Otto: *Der Vogelflug als Grundlage der Fliegekunst. Ein Beitrag zur Systematik der Flugtechnik*, Berlin 1889

Mendelsohn, Jane: *Himmelstochter*, Berlin 1997

Probst, Ernst: *Elisabeth Thible* - Die erste Passagierin einer Montgolfière, München 2010

Schwab, Gustav: *Die schönsten Sagen des klassischen Altertums*, Bd.I, Stuttgart 1838

Schwarzer Hirsch: *Ich rufe mein Volk*, Augsburg 1996

Simmen, Jeannot: *Schwerelos*. Der Traum vom Fliegen in der Kunst der Moderne, Stuttgart 1991/92

Verne, Jules: *Die geheimnisvolle Insel*. Bekannte und unbekannte Welten. Abenteuerliche Reisen von Julius Verne, Band XIV–XVI, Wien, Pest, Leipzig 1876

Whitten Brown, Sir Arthur: *Flying The Atlantic In Sixteen Hours*, New York 1920

Anmerkungen

1. Behringer, Ott-Koptschalijski, S. 86
2. Ebd., S. 30 ff.
3. Planet-mexiko.com/kultur/tanz/voladore-papantla
4. Nach Sigmund Freud: *Eine Kindheitserinnerung des Leonardo da Vinci* (1910*)*, in: *Gesammelte Werke*, London 1943, Bd. VIII, S. 127 ff.
5. fembio.org/biographie.php/frau/biographie/elly-beinhorn/
6. Beinhorn, S. 269
7. Chagall, S. 114
8. Schwab, S. 82- 86 (Text der modernen Rechtschreibung angepasst.)
9. Nach Wilhelm Hoenerbach: *Islamische Geschichte Spaniens*, Zürich 1970, S. 85

10 Rainer Harf, Johannes Teschner: *Dem Himmel ganz nah*, Geo Epoche Nr 86, 2017, S. 24

11 Klein, S.130 f.

12 Ebd., S. 136

13 Nach Klein, S. 137

14 Nach Klein, S. 146

15 Nach Caroline Lahusen: *Leichter als die Luft*, Geo Epoche a.a.O., S. 35

16 Verne, S. 5 - 12 (Text der modernen Rechtschreibung angepasst.)

17 Lilienthal, S. 147 -153

18 Whitten Brown, S. 56 - 74. Übertragung ins Deutsche: Nora Thielen.

19 Arthur Martens: In: Allgemeine Sport-Zeitung, Jahrgang 1923, S. 398, 399

20 Probst: grin.com/document/146741, 2010

21 Vgl. Aeckerle, S. 7

22 Ebd.

23 Ulrike Rückert: *Pionierin der Lüfte*, deutschlandfunk.de, 08.03.2010

24 Ebd.

25 Nach Aeckerle, S. 8

26 Ebd., S. 37

27 Mendelsohn, S. 150

28 Deutsche Wikipedia

29 Quotes by Amelia Earhart, ameliaearhart.com, Übers. d. Verf.

30 Earhart, S. 129 ff., Übers. d. Verf.

31 Beinhorn, S. 424

32 Quotes by Amelia Earhart, ameliaearhart.com, Übers. d. Verf.

33 Mendelsohn, S. 64 f.

34 Nach Holger Reile, www.gustavmesmer.de/biografie/

35 Nach Simmen, S. 13

36 Ebd.

37 Ebd., S. 19

38 Nach Simmen, S.134

39 Chagall, S. 15

40 Ebd., S. 19

41 Ebd., S. 20

42 Ebd., S. 21

43 Ebd., S. 39

44 Ebd., S. 50

45 Ebd., S. 68

46 Castaneda, S. 97

47 Jung: *Erinnerungen, Gedanken, Träume*, S. 213 ff.

48 Ebd., S. 317-320

49 Homer: *Ilias*, Kapitel II, XIV

50 Apuleius: *Metamorphosen* III, 21
51 anthrowiki.at/Levitation
52 David-Néel, S. 262
53 Ebd., S. 254 ff.
54 Ebd., S. 271
55 Schwarzer Hirsch, Augsburg 1996, S. 210 ff.

Bildnachweise

S.15 Fresko »Dädalus und Ikarus«, Villa Imperiale Pompeji © PD
S.17 Leonardo da Vinci: Entwurf einer Flugmaschine © PD
S.18 Ders.: Luftschraube, Pariser Manuskript B, Institut de France, Paris © PD
S.18 Ders.: Studie zum Vogelflug, Codice sul volo degli uccelli, Biblioteca Reale, Turin © PD
S.21 Claude Louis Desrais: Aufstieg einer Montgolfière 1783 © PD
S.29 Jules Férat: Illustration/Titelblatt zu Verne: *L'ile mysterieuse,* Paris 1874 © PD
S.30 Ders.: Illustration ebd., S. 8 © PD
S.32 Lilienthal mit Flügelschlagapparat am 16. August 1894, Lilienthal Museum, Anklam © PD
S.34 Zeichnung Lilienthals in seinem Buch »*Der Vogelflug als Grundlage der Fliegekunst*«, 1889 © PD
S.37 Anonymer Fotograf: Start von Alcock und Brown, 14.06.1919 © PD
S.47 Anonymer Fotograf: Die Vickers Vimy nach der Landung, 15.06.1919 © PD
S.53 C.G. Grey: Flight, XIV, 37, 14. September 1922, S. 534 © PD
S.58 Anonymer Fotograf: 1929 Women's National Air Derby © PD
S.61 Underwood & Underwood: Amelia Earhart, National Portrait Gallery, Smithsonian Institution © PD
S.66 Lagopress-konstanz.de
S.66 Zeichnungen Mesmers aus: *Gustav Mesmer. Flugradbauer - Ikarus vom Lautertal*, S.186, Kontext-Wochenzeitung Ausgabe 412, 20.02.2019
S.68 Wassily Kandinsky: Lyrische Komposition ohne Titel © PD
S.68 Marc Chagall: *Mein Leben*, Stuttgart 1959, S. 137
S.74 Pierre Puvis de Chavannes: Der Traum (Detail), Walters Art Museum, Baltimore © PD
S.77 Anonym: Lung-Gom-Pa (Ausschnitt), Trail Runner-magazine, 12.05.2022
S.77 Sabine Kress: Buddhas fliegende Einsatzkräfte, Zeit-online.de, 04.01.2013